日本の感性と東洋の叡智《えいち》

中村順一

淡交社

はじめに

まず、自己紹介と執筆の動機から始めます。私は、二〇二〇年十一月、八十六歳になりました。これまで、外国との関わりが長く続き、数えると六十五年以上に及びます。外務省にも四十年勤務しました。海外生活も、七ヵ国に住み、合計すると二十年です。訪れた国も百二十ヵ国ほどになります。出身は横浜で、熱心な仏教徒の家系に育ちました。幼少の頃、両親から謡曲の手ほどきを受け、中学・高校時代から、鎌倉の禅寺で座禅を組むなど、比較的早い時点で、日本の伝統文化と東洋の考え方に関心を持ちました。

仕事に就いてからも、日本、東洋への関心は続き、国際的な対比を体験しながら、日本と東洋の位置付けが、終始、脳裡を離れませんでした。外務省退職後は、京都に住み、関心はますます高まりました。今でも、東京と京都との往復生活が続いています。このような体験を通して、日本と東洋につき、自ら感じ考えたことをとりまとめたいと思うようになりました。『養生訓』の著者、貝原益軒が八十歳になって執筆活動を始めたと知って、これも刺激になりました。

日本には、世界に類のない、独特な感性と味わいが満ち満ちています。また、日本は、東洋の叡智が凝縮して現存する、貴重な国です。そして、この「日本の感性」と「東洋の叡智」には、これからの世界にとって、参考になることが数多く含まれているように私には思われます。これをなるほどと改めて意識してほしい。若い世代にも自覚してほしい。これが、私の本書執筆の動機です。

執筆にあたって二点付言します。第一点は、本文中に欧米との対比がよくでてきますが、本書は、欧米との優劣を論ずるものではないということです。欧米には欧米の良さが数多くあり、日本が引き続き取り入れたいものは少なくありません。自らの経験でも、日本の大学を出て二年間英国に留学し、西欧の重みと凄《すご》さを痛感しました。逆に、日本を参考にしてほしいものも多々あります。それぞれ、良いところを取り入れ合うことが肝要と思っています。

第二に、本書は専門書、研究書ではありません。できるだけ多くの方にお読みいただければと思い、読みやすい本となるよう心掛けました。説明が多少長くなった部分もありますが、外国人が関心を持つと思った点なので、ご容赦いただければと思います。なお、執筆に際して、内外の多くの方々の著書を読み、たくさんの方のお話を伺う機会がありました。その折に残したメモなどもふまえ、また、自らの体験も顧みて、私なりに自らの思いを表現させていただいた次第です。

本書の構成につきましては、第一章で「概説と問題提起」を、第二章では日本と東洋とを結び、日本の感性を示す好例として、世界に類をみないユニークな言語、「日本語」をとり上げました。続いて「日本の感性」の本論に入り、第三章で「日本人の美的感覚」を、第四章で「察する文化と和の文化」をそれぞれ説明し、第五章では「日本の感性」が随所に具現されている「日本の衣・食・住」を取り上げました。

次に、「東洋の叡智」に論を進め、第六章では「東洋の叡智」の中で比較的そのままの形で日本に定着したものを、第七章では、「東洋の叡智」の中で、「日本の感性」と結びつき日本で浸透したものを、それぞれいくつかの代表的なカテゴリーにまとめて説明しました。この第二章から第七章までが、本書の中核の部分となります。

続いて第八章では、「京都からのメッセージ」として、筆者の京都への思いに言及しました。京都に住んで十数年、京都は、和と洋の東西とが現在に生きている、貴重な都市と思われるからです。そして最後の第九章で、「これからの課題と将来の展望」を、いくつかの提言も含めてまとめました。

執筆の最終段階になって、新型コロナ・ウイルスが発生し、世界に蔓延し始めました。一日も早く収束することを祈りますが、その状況の中で、新たなライフ・スタイルの構築の必要性が、国の内外で指摘されるようになりました。「日本の感性」と「東洋の叡智」には、その点で、ヒントになり示唆となることが多く含まれていると思い、第九章に一項目をつけ加えることとした次第です。

拙《つたな》い文章ですが、「読みもの」として最後までご通読いただければ幸いです。そして、本書が「日本の感性」と「東洋の叡智」について、改めて思いを馳せるささやかなきっかけとなれば、著者として存外の喜びに存じます。

日本の感性と東洋の叡智

——私の感じた日本文化の総復習——

——新しい時代のライフ・スタイルを求めて——

ケンブリッジ大学卒業式にて
（1960年6月、指導教官と）

若き日の著者（1970年代後半）

Japanese Sensitivity and Oriental Wisdom

もくじ

はじめに……3

第一章

日本の感性と東洋の叡智―概説と問題提起……12

何故両者を一つのタイトルにまとめたか……12
日本の感性は日本独特……13
東洋の叡智の「東洋」とは……18
日本に根付き定着した東洋の叡智……20
日本の感性と東洋の叡智の結びつき……23
日本の感性と東洋の叡智―世界への発信……26

第二章

日本と東洋を結ぶ日本語……29

日本語の成り立ちと変遷……29
世界に類のないユニークな言語……32
日本式外国語・外国文化の取り入れ……34
日本語は感性重視の言語……35
多様な敬語と気配りの曖昧語……38
日本の感性の表れとしての日本語……41

第三章
日本人の美的感覚―日本の感性そのI……44
移《うつ》ろい、はかなさ、気配、余情・余韻・余白、間《ま》……45
さりげなさ、細《こま》やかさ、素朴さ、静けさ……58
もののあはれ、雅《みや》び、わび・さび、いき・すい―伝統的美的感覚……68

第四章
察する文化と和の文化―日本の感性そのII……81
察する文化―思いやり、気遣い、心配り、おもてなし……82
以心伝心、日本的コミュニケーションの特徴……92
日本の感性としての「和の文化」……95

第五章
日本の感性と衣・食・住……108
類のない凝った衣裳―和服そのI……109
着物の融通性、身ごなしの美しさ―和服そのII……116
和食が世界無形文化遺産に。素材を活かす調理―和食そのI……122
健康・長寿食、食文化としての和食―和食そのII……130

外に開かれた住居、素朴でこだわりの室内――和室そのI……137
融通無碍の部屋割り、寛《くつろ》ぎと団欒《だんらん》――和室そのII……144

第六章
日本に根付き定着した東洋の叡智……151

複数価値の容認、表決の回避とコンセンサス志向……152
無と空の思想、現代に生きる禅……164
自然との共生・一体化、環境重視は東洋の発想……177

第七章
日本の感性と東洋の叡智の結びつき……190

「自粛」「謙譲」「もったいない」「勤勉」――自らに目を……191
「道」と「こころ」――内面重視と本質の見極め……203
「世間」「縁」「面目」「恥」「義理人情」――関係重視の発想……214

第八章 京都からのメッセージ……227
和と洋の東西が凝縮・現存する貴重な都市……228
二十一世紀のシリコン・バレー……233
京都の活用と京都からの発信……236

第九章 これからの課題と将来の展望……241
「日本の感性」—グローバルな視点での学際的日本研究……242
「東洋の叡智」—東洋の連携・協調と共同プロジェクトの推進……244
「東洋」と「西洋」—相互理解から相互取り入れへ……246
「文明間の対話」と「太平洋協力」—二十一世紀の課題……249
新しい時代のライフ・スタイルを求めて……251

おわりに……256
あとがき……260

第一章

日本の感性と東洋の叡智
――概説と問題提起――

何故両者を一つのタイトルにまとめたか

「日本の感性と東洋の叡智」の各論に入る前に、何故この二つの概念を一つにまとめたかを説明します。「日本の感性」は、日本独自のもので、日本に由来します。他方、「東洋の叡智」は、多くは中国に、一部はインドにそれぞれ由来し、日本に伝来したものです。したがって、両者は本来、別のものです。

しかしながら、「東洋の叡智」は日本に根づき、日本の社会に浸透しました。そして、「日本の感性」と並んで、日本を理解するうえで重要な、二本柱の一つになったと私は思っています。しかも、「東洋の叡智」には、「日本の感性」と結びついたものが数多くみられます。

加えて、「日本の感性」と「東洋の叡智」には、これからの世界にとって示唆に富むものがたくさんあり、これを積極的に世界に発信したいというのが私の持論であり、執筆の動機でもありました。以上が、「日本の感性」と「東洋の叡智」を一つにまとめた理由であります。

それでは、本書でとり上げる「日本の感性と東洋の叡智」とは何か。「はじめに」でも言及したように、私はこれを三つのグループに大別しました。第一は、日本に由来する「日本の感性」です。第二は、中国ないしインドに由来する「東洋の叡智」で、比較的そのままの形で日本に伝来、定着したものです。第三が、同じく日本に伝来した「東洋の叡智」ですが、日本で「日本の感性」と結びつき、定着、浸透したものです。

ただしこの分類は、後述するように相対的なものです。第一のグループにも、当初から「東洋」に関わっているものも含まれています。また、第二グループと第三グループとの分類は、便宜的なもので、どちらのグループに属してよいものも少なくありません。このような前提のもとで、本章では、この三つのグループのそれぞれにつき、代表的なものを私なりに選び、それらをいくつかのカテゴリーに分けて、概説し問題提起します。

日本の感性は日本独特

まず、第一グループの「日本の感性」についてです。日本はアジアに位置し、多くの分野で、アジアの国々と共通する面を有します。しかし、「日本の感性」となると、もちろん共通点も多々ありますが、他のアジア諸国とは一味違った独特なものがかなり多くみられます。その中には、世界でもあまり類のない、ユニークなものも少なくありません。この日本独自の「日本の感性」は、日本の自然条件、地理的条件に密接に関わっていると思います。

日本は、基本的に気象条件に恵まれた国です。地震、台風、津波、洪水などは確かに少なくなく、特に昨今は阪神大震災や東日本大震災など、大規模な災害が続きました。歴史的にも、いくつかの大きな自然災害がありました。しかしながら、全般的にみると、最近の異常気象などはあるものの、国土の大部分が気候温暖な地帯に位置し、相対的に生活しやすい国です。加えて、四季の区別が明確なことが、日本の自然条件の大きな特色です。この四季の存在とその区分の明確さ、すなわち、四季の「移《うつ》ろい」が、古くから日本人の日常生活と「日本の感性」に深く関わってきました。

この「移ろい」が、まず日本人の美的感覚の対象であることはもちろんですが、同時に「万物は流転する」ということで、無常観、「はかなさ」につながります。これも「日本の感性」の特記事項です。また、「余情」「余韻」や「間《ま》」、そして、「気配を感ずる」「空気を読む」「風情がある」といった味わいのある感覚も、「移ろい」に結びつく日本特有の感性といってよいでしょう。

日本は、国土は狭いですが、長さは三千キロ以上に及び、北東から南西へと連なる細長い列島です。しかも、山岳・丘陵など起伏に富み、河川・湖・入江も多く、海岸線の長い地形で、自然条件が多様多彩です。大陸にみられるような雄大・壮大な景観は少ないですが、規模は小さくとも、趣《おもむき》深い景色が随所に身近にみられます。

人が見逃したり気づかないところに美を見出すのも、日本人の特徴です。「さりげなさ」「細やかさ」「素朴さ」「静けさ」の中に美を見出すわけです。さらに、「完全美」「均斉美」に加えて、「不完全」「未完成」「不均斉《ふきんせい》」「不揃い」「歪《いび》つ」が、むしろ美しいとされることも往々にしてみられます。「奥ゆかしさ」「地味」「渋味」なども「日本の感性」です。伝統的な美的感覚である「もののあはれ」や「わび・さび」のように、元来はネガティヴなものが、美的感覚にまで高められ、「日本の感性」となったものもあります。このように、日本人の美的感覚は日本独特のものであるとともに、その幅の広さが特色です。

人口密度が高く、しかも平地の割合が少ない、したがって、居住地域が密集していることも、「日本の感性」と密接に関連します。加えて四方が海に囲まれ、外国と陸続きのコンタクトがないことも大きな意味合いを持ちました。日本は、長い間外国と戦争のなかった国の例としてよく挙げられます。国内では戦国時代も内乱もありましたが、外国からの侵略や征服はありませんでした。このような状況のもとで、同質性に富み、密度の濃い社会が形成されたと思います。当初から狩猟に依存せず、農耕が発達したことも密度の濃い社会の形成要因といえましょう。

このような密度の濃い生活の中から生まれたのが、「思いやり」と「察する文化」であり、「和」の重視と「和の文化」であります。この両者が、日本人の美的感覚と併せて、「日本の感性」を構成する大きな柱であると私は思っています。

「思いやり」は、自分の気持ちや思いを相手の方に「遣《つか》わす」ことです。したがって、思いやりをもって「察する」とは、相手の身になり相手の立場に立って察することです。その際、直接相手に尋ねるのではなく、周辺の状況から相手の気持ちや思いを推察するのが「察する文化」で、このような気遣いや心遣いが、日本特有の「日本の感性」になるわけです。最近日本で流行語になり、外国で注目されている「おもてなし」も、この「察する文化」に基づく「日本の感性」に含めてよいと思います。

「和」の重視は、七世紀初めの聖徳太子の十七条憲法で一躍注目され、それ以降、政治・経済・社会・文化など、多くの面で日本人の考えや生活の根底に根付き、現在に至っています。私は、これを「和の文化」と位置づけました。伝統的に、「和《なご》み」を大切にし、調和・融和・平和が重んじられ、争いを避け、争いがあってもできるだけ円満に解決しようとする性向が強いといえます。

同じ島国でありながら、日本は英国と違って海外への進出が少なく、また二百年あまりにわたる鎖国政策もあって、目が国内に向けられた時期が長かったと思います。これも、同質性が高く密度の濃い社会が形成された要因の一つであり、「日本の感性」の背景として挙げられます。

「日本の感性」の背景として挙げられるものは自然条件だけではありませんが、ここで私が強調したいのは、さきに述べたような色々な背景が重なって、日本に特有な「日本の感性」が形成されたという点であります。

なお、「感性」とは、辞書によれば、「外界の刺激に応じて、感覚・知覚を生ずる感覚器官の感受性」とありますが、ここでは、その感受性によってもたらされた具体的な特性も「感性」という言葉に含めました。いずれにしても、「感性」は「人」に関わるものです。その意味では、「日本人の感性」とすべきかもしれませんが、ここでとり上げる「感性」の内容が、日本という「国」に関わるものが多いので、あえて表題では、「日本の感性」とした次第です。

私は、今後、国際社会が緊密になるにしたがって、密度の濃い社会環境から生まれた「日本の感性」が、国際社会にとっての一つの先例になると思っています。

東洋の叡智の「東洋」とは

続いて、「東洋の叡智」に話を進めます。まず、「東洋の叡智」の「東洋」は、どこを指すのでしょうか。「東洋」が、中国では日本を指すことがあるのは、日本ではあまり知られていません。日本では「東洋」は「西洋」、すなわち、「欧米」に対比する言葉として一般に使われており、ここでもその使い方をしています。

「東洋」に類する言葉として、オリエント（語源は「日出ずる地」の意）があります。広義では、地中海以東を指しますが、東アジアを意味する用法も一般的です。その意味では、「東洋」と「オリエント」は、ほぼ同意語です。

その他、「East」「アジア」も類語として挙げられます。East は Near East, Middle East, Far East などに細分化され、アジアは、南西アジア、中央アジア・東南アジア・東アジアに通常分けられます。岡倉天心は著書の中で「アジアは一つ」と書いていましたが、一般的には、アジアは多様性に富む地域です。

「東洋の叡智」の「東洋」は、「西洋」と対比する場合の「東洋」と比べて、より限定的となります。具体的には東アジアで、まず中国・韓国・日本が挙げられます。インドは、地理的には東アジアと離れていますが、仏教の発祥地、ゼロという概念の発見地であり、古代からのインド哲学はまさに東洋思想であって、「東洋の叡智」の重要な一角を形成します。東南アジアも、ここでいう「東洋」に含めてよいものが数多くみられます。

したがって、逆説的になりますが、「東洋の叡智」の「東洋」とは、実体的に「東洋の叡智」に関わる地域というのがとりあえずの私の見解です。すなわち、主として東アジア、それにインドと東南アジアが加わります。また、「叡智」は「英知」とも書きますが、「秀でる」の「英」よりも「叡」の方が奥深く、「知識」の「知」よりも「智恵」の「智」の方がふさわしいとの思いから「叡智」としました。「叡智」は従来から私の好きな漢字でもありました。難しい言葉ではありますが、私は、「東洋の叡智」という言葉がもっと一般に普及すればよいと思っています。

日本が「東洋」に入るのは当然ですが、「東洋の叡智」の大部分は中国やインドに由来し、中国から直接あるいは朝鮮半島を経由して日本に伝来したものです。例えば神道のように、「東洋」的なものがもともと日本に存在したものもありますが、日本が起源となる「東洋の叡智」はほとんどないといってよいと思います。その意味では、「日本の感性」が日本特有であるのに対して、「東洋の叡智」は日本に伝来し定着したものといえます。

日本に根付き定着した東洋の叡智

日本と中国との交流の歴史は古く、日本からは遣隋使・遣唐使の往訪が、中国からは多くの僧侶の来訪がありました。朝鮮半島との往来も活発でした。このような活発な人的交流の中で、日本に伝来し定着したものの例として、まず漢字と仏教が挙げられます。漢字の伝来は、四世紀から五世紀にかけてといわれており、日本で独自の読み方が加わって、日本の言語として定着しました。仏教の伝来は六世紀で、日本古来の神道と両立する形で広まり、鎌倉時代になると、浄土宗・浄土真宗・日蓮宗など、日本独自の宗派も誕生しました。

そのほか、老子・荘子の道教、孔子・孟子の儒教、朱子学、陽明学など、思想、文物の伝来は続き、その多くは、日本に定着しました。このような流れの中で、「東洋の叡智」は日本に伝来し、日本に根付き、日本の社会、文化、日常生活の不可分の構成要素となったわけです。すなわち、中国あるいはインドを起源とする「東洋の叡智」の極めて多くが日本に伝来し、日本で広く浸透し定着したのです。

このように日本に定着した「東洋の叡智」を、私は日本に伝来し、ほぼそのままの形で根付いたものと、日本の土壌に適合し「日本化」したもの、「日本の感性」と結びつく形で定着したものとの二つのグループに分けました。すなわち、第一グループが「日本の感性」で、第二グループと第三グループが「東洋の叡智」になります。ただし、その態様や度合いは千差万別です。中にはどちらのグループに入れてもよいものも含まれます。その意味で、この分類は程度の差であり相対的なものです。

それでは、第二のグループ、すなわち日本に伝来し、ほぼそのままの形で根付いた「東洋の叡智」とは何か。私はその代表的な例として、次の三つを挙げたいと思います。一つは、複数価値の容認です。アジアは、仏教・ヒンズー教など多神教が多く、複数価値の存在を容認する考え方が一般的です。これが一神教の世界との大きな違いです。この考え方によれば、価値は相対的なものであり、異文化、異なるものへの対応も寛容になります。多神教の中には、異宗教の神もその多神教の神に含めてしまうものも見受けられ、その場合には、寛容というより包容というべきかも知れません。神道と仏教との関係でも、それが見受けられます。

最近、欧米を含め、世界で、多元文化主義（multi-culturalism）を重要施策とする国が増えています。これも、複数価値の容認を前提とするもので、東洋的発想といえます。また、投票による多数決ではなく、話し合いによるコンセンサス方式も、複数価値の容認に基づく東洋的な考え方といえましょう。

二つ目は、無と空の思想です。「無」も「空」も、本来はネガティヴな概念ですが、これに積極的な意味を付与するのが、「東洋の叡智」です。「無」と「空」からは何も生まれない、何事も起こらないというのではなく、「無」が「有」を生み、「空」は「空」であるがゆえに万物を包含するという発想です。「無」と「空」はインドと中国で始まり発展した概念で、アジアでは広く浸透し、「有」と「所有」をベースとして発展した世界の歴史とよく対比されます。

この「無」と「空」の思想が顕著に打ち出されているのが「禅」です。禅宗は、平安時代の末期から鎌倉時代にかけて、本格的に日本に定着し、武士階級を中心に急速に広まりました。茶道をはじめとして、文化、芸術とも密接に結びつき、現在でもその考え方は根強く生きています。

三つ目は、自然への対応の仕方です。この点は、東洋と西洋の対比点としてよく引用されます。産業革命以降の西洋の考え方は、自然は人間のためにあるものであり、開拓、開発して人間のために利用するというものでした。これによって人類と人間社会は大きく発展しました。これに対して、東洋は、自然は人間と相対するものではなく、人間は自然の一部であり、したがって、自然に適応しながら自然を活用していくという考え方です。その意味で環境保全、環境重視は東洋的発想といってよいと私は思っています。

以上の三つは、いずれも近年、状況が変わってきています。一神教の世界でも、他宗教との対話が重視されてきています。「無」や「空」の思想を説く禅にも関心が持たれています。

環境問題は、今や開発途上国を含め、重要かつ緊急の問題になりました。これらはもちろん歓迎すべきことですが、私は、そのいずれもが、「東洋の叡智」がグローバルな次元に拡大された例と位置づけられると思っています。

日本の感性と東洋の叡智の結びつき

続いて第三のグループ、すなわち「日本の感性」と結びついた「東洋の叡智」の例をとり上げます。その中には、「日本の感性」の中に当初より取り込まれているものもあります。一例を挙げれば、「気配を感ずる」の「気」も、『新古今和歌集』の基調をなすといわれる「幽玄」も、元来中国に由来する言葉です。

「日本の感性」との結びつきのタイミングもさまざまです。中国の「道」は、伝来の時点で、日本古来の言葉である「みち」と結びつきました。「義理人情」は「義」も「理」も中国に由来する言葉ですが、まず「義」と「理」が結びつき、さらに江戸時代に「人情」と結びつくと、日本特有の意味合いを持つようになりました。最近外国から注目されている「自粛」や、日本で「謙譲の美徳」といわれている「謙譲」も、「東洋の叡智」と「日本の感性」が結びついた好例といえましょう。このような「東洋の叡智」と「日本の感性」との結びつきの例として代表的なものを、次の三つのカテゴリーにまとめました。

一つは、「自らに目を向け、自らに厳しく」というスタンスです。これは西洋の権利義務関係に基づく社会、契約社会とよく対比されます。相手に主張したり要求したりする前に、まず自分に目を向けるということです。人としての生き方を説く儒教と密接に関連しますが、大和言葉《やまとことば》として、もともと日本にあった「けじめ」「わきまえ」「たしなみ」や、仏教用語に由来する「分別」もこれに通じます。

先に引用した「自粛」「謙譲」のほか、「修身」「勤勉」「もったいない」なども、「まず自《みずか》ら」との関わりを表現した言葉といえますし、「自粛」に加えて、「自戒」「自省」「自制」「自重」「自律」など、「自ら」に目を向け「自ら」を律する表現には事欠きません。

二つ目は「道」と「こころ」です。「道」も「みち」も、内面・内容を重視します。結果がよければよいというのではなく、プロセス、各プロセスの内容、やり方が道理に適っていなければならないということで、本質の見極めともいえます。茶道・華道・香道・書道、柔道・剣道・弓道・合気道、武道、文武両道、商道と幅広く使われますが、いずれも内容の重視と本質の見極めが求められます。

「こころ」は日本特有の言葉で、漢字書きよりも平仮名書きが似合います。幅広い意味に使われますが、当然のことながら内面重視で、「道」と同様、本質の見極めに通じます。あるいは「道」と「こころ」は表裏一体の関係といってよいかも知れません。最近「こころ」は日本以外でも関心が持たれ、外国でも「KOKORO」の研究が始まっていると仄聞《そくぶん》しています。

三つ目は、関係重視、状況重視です。デカルトの「我思う故に我あり」に示されるが如く、近代西洋の出発点は「自分」であり「人間」です。まず第一人称があり、第二人称、第三人称があって、そこから関係と状況が出てくるという位置づけです。それに対して日本、アジアではまず状況・全体像があって、次にその状況を構成する当事者、すなわち自分、相手、第三者の存在とその相互関係が出てくるというわけです。

このような関係重視は、色々な分野や局面でみられますが、本書では、三つ目のカテゴリーとして「世間」「縁」「面目」「恥」「義理人情」の五項目を取り上げ、「東洋の叡智」と「日本の感性」が結びついた日本特有の関係重視の例として説明したいと思います。これらはいずれも「人」の関係ですが、これに類似する関係に、「モノ」と「ヒト」の関係、それに「コト」を加えて、「モノ」と「ヒト」と「コト」の関係も出てきます。この「コト」の重視も、関係重視、状況重視につながります。

以上、「日本の感性」と「東洋の叡智」の概要と位置づけを、「日本の感性」「東洋の叡智」「日本の感性と東洋の叡智の結びつき」の三つに分けて説明しました。その中には、世界に発信して、より多くの人々に知ってほしい点が数多くあり、また、外国の方々が興味と関心を持つと思われる点も多々あります。これが、「はじめに」で書いたように、今回の執筆の動機につながります。

日本の感性と東洋の叡智──世界への発信

日本に由来する「日本の感性」の発信を日本からというのは当然のことです。したがって、「東洋の叡智」をなぜ日本から発信するのかをより具体的に説明したいと思います。

さきに述べたとおり、「東洋の叡智」の多くは日本に伝来し、その多くが日本に根付き、日本の社会、文化に密接に関わってきました。そして、その日本に伝来・定着した「東洋の叡智」は、今もなお、日本人の日常生活、考え方に深く結びついています。「東洋の叡智」の研究、すなわち、漢字の研究、中国古典の研究、インド哲学の研究なども活発です。その意味で、日本は、「東洋の叡智」を世界に発信する資格と能力を十分に具備しています。

中国は、第二次世界大戦後、社会主義国家になり、一時、仏教・儒教が排仏排孔運動によって抑圧された時期もありました。韓国は、漢字とハングル語を併用した時代もありましたが、近年、ハングル語に統一されました。このような状況の中で、相対的ではありますが、日本は現在「東洋の叡智」を発信するのにまさにふさわしく、適当な国であると私は思っています。
もちろん、「東洋の叡智」の発信は、「東洋の叡智」に関わる国が広く世界に行うもので、できるだけ多くの国が、それぞれの状況の中でOriental Wisdomを発信することが期待されます。中国では近年、『論語』などの中国古典の学習が積極的に進められており、韓国では儒教、特に朱子学が、今なお社会に浸透しています。インドや東南アジア、南西アジアの仏教国からの発信も望まれます。そのような中で、日本も自らの置かれた状況を最大限に活用し、発信に努めるべきというのが私のいいたい点です。

日本はこれまで、外国から文物を取り入れ、それを消化・活用しながら発展してきました。いわば「受信大国」でした。しかしながら、これからは「発信大国」として、世界に貢献、協力していくことが期待されます。これは、「東洋の叡智」についても、「日本の感性」についても、あてはまることです。明治以降、日本人による英文での日本紹介の名著がいくつか続きました。*The book of tea*（岡倉天心）、*Bushido: The Soul of Japan*（新渡戸《にとべ》稲造）がそうですし、*Zen and Japanese Culture*（鈴木大拙）もその一例です。

しかしながら近年は、日本人が外国語で書いた外国人向けの一般的、総合的な日本文化や日本人の考え方についての本が少ないのを痛感しています。日本語で書かれた日本人論は多いのですが、翻訳も含めて、外国人向けが少数なのです。外国人著者による日本人論は、最近亡くなられたドナルド・キーン氏（京都で何回かお目にかかりお話しする機会もありました）のように、日本国籍を取得された素晴らしい方もおられました。日本人にとってなるほどと思うものも数多くありますが、中には、日本人からみてそうかなと疑問に思ったり、誤解を招く部分が含まれているものも見受けられます。外国人による日本論、日本人論はもちろん大歓迎ですが、私がここで強調したいのは、発信大国を志向するうえで、日本人による外国語の、日本ないし日本人紹介の一般的な著作がもっと出てほしいということです。

現在世界が直面しているコロナ危機との関連で、日本や東洋に対する世界の関心は一段と高まってきています。阪神大震災や東日本大震災の際の日本人の対応も、世界の人々の注目を集めました。本年に延期された東京オリンピック・パラリンピックも間近となり、日本への関心は深まっています。その意味で、私は今が、「日本の感性」と「東洋の叡智」について日本が発信する、またとない絶好で貴重なタイミングであると思っています。

第二章

日本と東洋を結ぶ日本語

日本語は、世界の言語の中でも極めてユニークな言語です。しかも、日本と東洋を結ぶ言語であるとともに、日本の感性が随所に表れている好例でもあります。「日本の感性と東洋の叡智」の本論に入る前に、序論として、まず、「日本語」をとり上げることにしました。

日本語の成り立ちと変遷

四～五世紀頃、漢字が中国から伝来したとき、日本には話し言葉だけで、文字はなかったとするのが多数説のようです。それで、文字としての漢字は輸入されましたが、古くからの日本語はそのまま残りました。漢字の読み方として、本来の読み方に由来する「音読み」に、古来の日本語が「訓読み」としてつけ加わったわけです。一例を挙げれば、「犬」の音読みは「ケン」、訓読みは「イヌ」という具合です。

同時に「イヌ」という発音を、「伊《イ》」ないし「以《イ》」と、「奴《ヌ》」という二つの漢字で書き表しました。これが「万葉仮名」といわれるものです。その万葉仮名の一部をとって片仮名《カタカナ》が生まれ、くずして書いて平仮名《ひらがな》が生まれました。当時、片仮名は主に男性が、平仮名は主に女性が使用し、平仮名は一時、女手《おんなで》といわれました。それが次第に、漢字と仮名の「交り文」、すなわち、混合文が一般的になり、その混合文が長期間にわたって日本語として定着し、現在に至っています。

いささか端折《はしょ》り過ぎですが、これが日本語の成り立ちの要約です。漢字の伝来にあたって、音読みと訓読みの二通りの読み方を生み出し、加えて片仮名と平仮名という二つの仮名文字を創出し、これを併用して独特の日本語を形成した、古代日本の先人の知恵と創造力は誠に驚嘆に値します。

漢字は、画数の多い難しい文字が多く、中国でも日本でも次第に簡略化され、変遷を重ねてきました。特に近年、お膝元の中国では大幅な簡略化が進み、従来の漢字からは類推できないものも数多くみられます。なかには、もはや表意文字とはいえないものもあります。そこで今では、伝統的な漢字が残存し、日常的に使われているのは、漢字の本家である中国よりもむしろ日本ではないかともいわれています。漢字研究や中国古典の研究でも日本が注目されています。また、日本で作られた漢字(国字ともいわれます)も多数あります。例えば、「峠」や「榊」などがその例です。

読み方も、訓読みはもちろん、音読みも実際の中国での読み方とは違います。しかも、音読みと訓読みのそれぞれについて複数の読み方のある文字も多く、一つの熟語に音読みと訓読みが混在する、いわゆる「重箱読《じゅうばこよ》み」も少なくありません。このように、漢字は、発生的には中国文字ですが、読み方を含め日本では、自由自在に適応発展し、日本語として定着しました。『論語』などの中国の古典を、返り点を付して日本語読みにし、また「漢文」として、中等教育の国語の時間に学習するのも、日本ならではの現象です。

日本と中国とでは、同じ漢字を使いながら、発音だけでなく意味も違う場合もあり、それが却って誤解の原因になることもあります。それでも私は、日本人が中国語を見て、あるいは中国人が日本語を見て、ある程度意味が類推できるという意味合いは大きいと思っています。この漢字の共有が、これからも引き続き、日本と中国とを結びつける重要な接点になるというのが、私の希望であり期待でもあります。

世界に類のないユニークな言語

言語は通常、一種類の文字で成り立っています。外国語の文字がそのまま引用されることはありますが、それはあくまで外国語としての引用です。それに対して日本語は、漢字・平仮名・片仮名の三種類の文字の併用です。お隣の韓国で、漢字とハングル文字が併用された時代がありましたが、近年、ハングル文字に統一されました。したがって、複数の文字の併用は、世界で今や日本だけとなりました。漢字という表意文字と、平仮名・片仮名という音声文字との組み合わせも、言語学的に注目されています。また、仮名の五十音図も、母音と子音の組み合わせを明確な図表で示した点で、言語学者から高い評価を受けています。

その他にも、日本語のユニークさは数多く指摘されています。外来語を引用するとき、その外来語の発音を片仮名で表記します。これも仮名が表音文字で、複数文字の併用があるからできることで、文中に片仮名があれば一見して外国語ではないかと推察ができるという、便利な片仮名の活用方法です。ただ最近は、外国の人名や地名だけなく、外国語の名詞、形容詞、動詞などがたくさん、しかも続けて片仮名で書かれている文章や広告をよく見かけます。それでは、折角の日本語の利点が失われ、残念な気がします。

また、漢字と仮名の混合文である日本語は、見て読み易く、見てわかり易く、速読に適する効率的な言語ともいわれます。混合文の中で、一つひとつの漢字が表意文字として目立ち、印象に残るからです。その意味では、日本語は目で見て読む、文字中心の言語といってよいかも知れません。日本語の文章は、キーワードがすぐにわかり、見て美しいとする言語学者は多いようです。他方、大和言葉といわれる日本古来の言葉には、美しい響きで、語感の素晴らしい含蓄のある言葉が多数あります。俳句や和歌も、リズムと抑揚に富み、音声で聴き味わう、世界に誇る定型詞です。その意味で、日本語は音声語とする説も有力です。

文字の美しさという点で、世界で一番美しい文字は、草書体で書く平仮名とする外国の学者もいるそうです。確かに、毛筆で書く平仮名の草書体は日本人にも読みにくいですが、意味がわからなくても、一つの絵を見ているようで美しいものです。書道は、単に文字を美しく書くということだけでなく、絵画と同様、芸術と位置付けられ、表装などをほどこして、室内の装飾とします。精神を落ち着かせるために仏教経典を毛筆で書き写す写経も流行っています。最近、毛筆による習字の時間が学校教育で少なくなっているとの話も聞きますが、書道が多くの日本人にとって身近になることが望まれます。

なお、日本語は縦書きでも横書きでも書きますが、これも他の言語ではあまりみられないことです。伝統的には縦書きですが、横書きも明治以降取り入れられ、戦後は縦書きと並んで一般的となりました。これも、日本語の融通性を示す一例といえましょう。漢字の読み方につき、漢字の横脇に小さく「振り仮名」をつけることも世界に類のない日本語特有の工夫で、漢字と仮名の複合言語であるからできる一例です。

日本式外国語・外国文化の取り入れ

日本と外国との交流の歴史は古く、当初から中国文化の伝来が続きました。中国を通じてガンダーラ美術などの伝来もありました。その後、キリスト教宣教師の渡来などで西欧との接触が始まりました。鎖国による中断はありましたが、明治維新以降、再び西欧文明の摂取が盛んになりました。このような外国との交流を通じての大きな特色は、外国の文物をそのまま取り入れるのではなく、選択的に、かつそれらを日本の土壌に適合させ、消化したうえで摂取するということであると私は思います。本章で冒頭に述べた、漢字伝来のときの対応がまさにその通りでありましたし、その後にみられた仏教伝来の際も、同じ対応でありました。

現代になって、欧米の言語の摂取の際にも、日本独自の取り入れ方が随所にみられます。例えば、アルバイト（ドイツ語で「仕事・労働」の意味）、アパート（英語で「離れて」の意味の副詞ですが、日本語では「アパートメント・ハウス」の意味）などのように、日本独自の意味が定着したり、ワイシャツ（「ホワイト・シャツ」に由来）、ズボン（フランス語の「Jupon」に由来）など、日本独自の発音に変えたり、ロマンス・カー、レイン・シューズ、ニュー・フェイスなど、なかなか味のある和製英語にも出会います。パソコン、マザコン、リモコン、ゼネコン、エアコンなど、英国人や米国人がどの程度想像がつくか、尋ねてみたいものです。

このように、漢字取り入れの場合でも、欧米言語の取り入れの場合でも、日本語にうまく合わせたり、日本語と両立する形で取り入れていくその手法は、まさに日本の感性の現れといってよいと私は思います。

外国語の取り入れではありませんが、日本と外国との交流で特記すべきは翻訳です。日本ほど翻訳が発達し、外国の文物を自国語に翻訳して取り入れている国は少ないと思います。最近は原典主義といって、直接原文を読む風潮も高まってきていますが、まだまだ翻訳への依存は強いようです。翻訳文化という言葉があり、日本語に翻訳された詩や小説が、原文とは別個に、文学作品として評価されるのも珍しいことです。

日本語は感性重視の言語

言語は、人間の感情を表現し、人間の考えを表現します。したがって、どの言語も、感性と論理の双方に関わります。それでも、その言語を使う人々の文化的・歴史的背景などによって、相対的ではありますが、論理表現に強い言語と感性表現に強い言語が出てきます。欧米の言語は、一般的に論理的といわれていますが、同じ欧米の言語でも、ドイツ語は論理的で、ラテン系の言語は感性表現に長《た》けているとされています。

日本語については、議論はあるようですが、感性表現に強いとする人の方が多いようです。私もそう思います。擬音・擬態語が多く、状況描写が、客観的な説明調というより、自らが実際に見聞し、感じたことをそのまま表現する傾向が強いからです。また、日本語は、敬語とか婉曲話法のように、同じことを表現する場合でも、状況や相手によって、表現や言葉を変えることが多く、その変え方も多岐にわたります。これも、日本語が感性重視である一つの現れといってよいでしょう。

擬音語・擬態語の豊富さは、日本語の大きな特色です。擬音語（オノマトペ）は、耳に聞こえたとおりの音を言葉にしたもの（雨が「ザーザー」「シトシト」降る）です。擬態語は、聴覚以外の感覚印象を言葉で表現したもの（「にやにや」は笑う様子、「べたべた」は粘りつく状態）です。擬音語は片仮名で書くことが多く、擬態語は、平仮名で書くことが比較的多いですが、そうでない場合もあります。

擬音語は、ほとんどの言語にみられますが、その多彩さで日本語に敵うものはありません。擬音語の例として動物の鳴き声がよく引用されますが、同じ鳴き声であるはずのものが、言語によってかなり違うのも興味があります。例えば英語で犬はbow-wow、鶏はcock-a-doodle-dooと鳴くというわけです。また、日本語では「泣く」をワーワー、シクシク、エーンエンと擬音語で状況を示すのに対し、英語は、sad, cry, weep, blubber, whimperと別の動詞で「泣く」状態を示します。

擬態語は外国語ではそれほど多くなく、まさに日本語の独壇場です。特にうきうき、くよくよ、いらいら、やきもき、のほほん、しんみり、むしゃくしゃなど、人の心の様子を示すものは、他の言語の追従を許しません。人の動作を示すおろおろ、てきぱき、きょろきょろ、しゃなりしゃなりなども、日本語ならではの感性を示す言葉です。外国人に日本の擬音語、擬態語を聞いてもらい、その反応を尋ねるのも興味あることです。

また、医者に痛みを説明するとき、ひりひり、ちくちく、じんじん、ぴりぴり、ずきんずきんなどといえば、直ちに状態が判断でき便利です。これを外国語で説明しようとしても適当な言葉がなく、苦労するという話をよく聞きます。

感性を重視する日本語のもう一つの特色は、五感に関わる表現の豊かさです。他の言語でも、身体の部分に関わる表現は多数ありますが、日本語では、身体の部位そのものに着目した表現より、身体の部位に関わる感覚、すなわち五感に由来する表現が多いのが特徴です。

自らの身体で感じたものをそのまま表現するという意味で、直接的な感覚表現です。身体感覚、皮膚感覚といってもよいかも知れません。

五感に関する表現は多数にのぼり、例示を選ぶのに苦労しますが、一例を挙げると、「目が肥える」「耳が痛い」「鼻で笑う」「口が堅い」「手が焼ける」など、「味」のあるものが多く、また、その他の部位についても、「顔が広い」「腹が立つ」「足を洗う」など、例示に事欠きません。また、含蓄のある表現として、「虫の音《ね》」「鳥の囀《さえず》り」「風の便り」「聞香《もんこう》」なども、感性重視の言葉として挙げられます。

多様な敬語と気配りの曖昧語

日本語の難しさとして、敬語が多く、しかもその用法が多岐にわたり、状況によって使う表現が変わる点がよく挙げられます。確かにそのとおりです。通常の分類でも、相手に敬意を示す尊敬語、自らを卑下して相手を立てる謙譲語、「です」「でございます」のように丁寧ないい方の丁寧語の三種類があり、それに、「申す」「参る」など、相手を立てて自分の動作を丁重に述べる丁重語、「お水」「お風呂」など、言葉自体を美化する美化語を加えると五種類になります。

英語にも、敬語 honorific language はあり、仮定法を使って丁重な表現にしたりしますが、敬語を何種類にも分類して多用するのは日本語だけです。そのため、日本人でも敬語をきちんと正しく使える人は多くはないといわれています。

文法用語の「受身形」に「尊敬」の意味があることも日本語の特徴の一つです。具体的には、「れる」「られる」などですが、同時に「受身」「可能」の意味にもなり、そのいずれであるかは文脈で判断しなければなりません。接頭語、接尾語に敬語があることも日本語のユニークな特徴です。日常使う「お茶」「御飯《ごはん》」なども、考えてみると他の言語にはみられない日本語特有のものです。謙譲を示す「拙者」「愚息」「粗品」「寸志」「私共」なども同様です。

「御苦労様」「お疲れ様」など、よく使われる言葉で、敬語が二重になっているものがありますが、敬語は、多ければよいというものではなく、過剰敬語は避けなければなりません。この点は敬語の間違い易いところで、「お召し上がりになられますか」「ご出席されますか」などは、過剰敬語の例です。

日本語は曖昧とよくいわれます。十五世紀に日本を訪れたポルトガルの宣教師フロイスは、「ヨーロッパでは言葉の明瞭さが求められるが、日本では曖昧な言葉が優れた言葉で、最も重んぜられる」と書いています。確かに日本語は不明瞭でわかりにくい面がありますが、それはむしろ意図的、意識的に曖昧にしている場合が多いのです。自らの発言に自信がない場合もありますが、相手への気配りに基づく場合も多くあります。相手を追い詰めたり決めつけたりせず、相手に反論や異論があれば、それをいい易くするという相手への配慮です。これは東洋に多くみられる発想で、人間関係を円滑にします。

「NOといわない日本人」ということが外国人の間で話題になります。ネガティブな意味でいわれることが多いのですが、日本人の側からすると、NOといって相手を傷つけたくないので、文脈なり雰囲気なりでNOを感じとってほしいというわけです。誤解を避けるためには、はっきりNOというべきだというのが日本人へのアドバイスですが、同時にそういった日本人の気遣いを外国人にも知ってもらいたいと思います。

意図的な曖昧語のほかに、日本語には例えば「まあまあ」といった、意味不明瞭な言葉が多いことも事実です。相槌《あいづち》の言葉がYESととられたり、YESとNOがはっきりしないこともよくあります。「いい加減」「結構」などのように、文脈によって全く違う意味になる言葉もあります。婉曲話法とかぼかし言葉とかのように、わざと遠回しにわかりにくくすることもあります。

言語は、意志疎通、相互理解の手段ですから、やはりそれが実現されるよう、双方の努力が肝要です。遠回しや曖昧な表現をする場合には、誤解を生まないよう配慮が必要です。

日本の感性の表れとしての日本語

日本の感性がそのまま言語になっているのが大和言葉《やまとことば》です。大和言葉は、平安時代によく使われた日本古来の言葉で、含蓄に富み、美しい響きを持つ日本語として最近注目されています。名詞では、「曙《あけぼの》」「黄昏《たそがれ》」「朧月《おぼろづき》」「身嗜《みだしな》み」「躾《しつ》け」「いのち」「こころ」、動詞では、「労《ねぎら》う」「和《なご》む」「育《はぐく》む」、形容詞では、「可愛《かわい》い」「悲《かな》しい」「切《せつ》ない」「有難《ありがた》い」、副詞では、「生憎《あいにく》」「今更《いまさら》」など、現在も日常使われているものが多数あります。

「さようなら」は「左様ならばお別れしましょう」に、「お勘定」の意味の「おあいそ」は「愛想がなくて恐縮ですが、お勘定をお願いします」にそれぞれ由来し、語源の面白さを示す好例です。「お近づきになりたい」なども、相手を立てながら遠慮がちに自分の気持ちを述べる、大和言葉の典型です。

大和言葉と並んで日本の感性の例示となるものに、「てにをは」、すなわち「助詞」があります。助詞は日本特有の品詞で、英語などの前置詞に対応しますが、前置詞より用法が多彩で、漢字ともよく合い、細かい微妙なニュアンスを伝えます。例えば「学校に行く」と「学校へ行く」、「友達に会う」と「友達と会う」、「彼が好き」と「彼を好き」などの違いがその例です。また、「私が」と「私は」の区別も微妙で、奥の深いものです。

英語など欧米の言語は、主語と述語が基軸となり、主語が中心です。日本語もその基軸は変わりませんが、主語がしばしば省略されます。東南アジアの言語も同様です。前後の関係で意味がわかればそれでよいというわけです。更に進んで、主語がない方が表現がソフトになるという人もいます。

日本語では、主語よりも主題やテーマが優先します。よく引用される例の「象は鼻が長い」は、「象」が主題で「鼻」が主語になります。「僕は洋食だ」「あの店は美味《おい》しい」「電車が参ります」は、文法的には誤りですが意味は明快です。「戸が閉まる」も状況描写としてはわかり易い表現です。日本語はこのように、文法や論理にあまりこだわらず、感情や状況がそのまま表現される傾向があるようです。

因みに、日本語の文法は比較的簡単です。人称代名詞の格変化がなく、時、性、数による動詞の語尾変化も少なく、冠詞もありません。普通名詞が男性、女性、中性に分けられることなども想像できません。発音も容易です。他の言語にみられるような難しい発音もなく、ほとんどの場合、子音と母音が結びついて一音節になり、単語が母音で終わります。

発音で苦労するのは同音異義語です。一つの漢字に複数の音読み・訓読みがあることもあって、その例は多数です。「橋」と「箸」のようにアクセントが違う場合もありますが、「科学」

と「化学」のように文脈で判断するか、文字を見ないとわからないケースも少なくありません。よく引用される「貴社の記者が汽車で帰社」などは、日本語の複雑さをよく示しています。

日本語の難しさは、やはり漢字と仮名との複合言語に由来すると思います。漢字の数の多さ、字画の複雑さ、語彙の豊富さに加えて、複合言語であるために、読み方を含めて複雑さは倍増します。文法と発音は簡単といっても、外国人にとって日本語が難しい言葉であることは疑いありません。しかし、複合言語であるが故に、言語学者が注目する数多くの日本語の特徴が生まれ、日本語が日本と東洋を結びつけているといえるのではないでしょうか。

そして更にそれを可能にしたのが「日本の感性」であり、複合言語である日本語の中にうまく日本の感性を具現していること自体が「日本の感性」の所産であると私は思っています。日本語は、一億二千万人の日本人に加え、四百万人の外国人が勉強する、世界の主要言語の一つです。日本と東洋を結び、日本の感性が具現されている日本語を知ることが、「日本の感性と東洋の叡智」を理解するうえで大きなヒントになることは疑いありません。これが本論に入る前に、まず「日本語」を取り上げた理由であります。

第三章

日本人の美的感覚——日本の感性そのⅠ

いよいよ本論に入ります。第一章で概説した「日本の感性」を二つのサブグループに分けました。一つは、日本人の美的感覚に関わるもので、「日本の感性そのⅠ」です。もう一つは「察する文化」と「和の文化」で、「日本の感性そのⅡ」としました。いずれも、日本の独特な感性に関する内容が数多く含まれています。本章では、日本人の美的感覚を、「移ろい」「間」に関わるもの、「細《こま》やかさ」「奥ゆかしさ」などの「さりげなさ」に関わるもの、「もののあはれ」「わび・さび」「粋（いき・すい）」などの伝統的美的感覚の三つに分けて説明します。

移《うつ》ろい、はかなさ、気配、余情・余韻・余白、間《ま》

―「移ろい」「はかなさ」―

「日本の感性」として、まず、「移ろい」をとり上げます。「移ろい」の代表的なものは、四季です。四季は、日本の日常生活と密接に結びつき、日本の衣食住にも深く関わっています。文学、特に日本独特の詩歌である和歌・俳句では、この四季の「移ろい」が顕著に表れます。俳句は十七文字から成る世界でも類のない短い詩歌ですが、その短い句の中に「季語」を詠み込むのがきまりになっています。これも極めてユニークなことです。また、清少納言の『枕草子』は冒頭にて「春はあけぼの」で始まる四季の移ろいを述べています。

日本の四季は、「花鳥風月」とか「雪月花」とか情緒に富む表現で紹介されます。具体的には、桜・紅葉・鶯・蟬・春雨・秋風といった四季折々の動植物・自然現象・気候などで表され、その数は無数です。もちろん、それぞれの季節の有様《ありさま》や状況が示されるわけですが、その際、四季を「移ろい」として捉える場合が多く、これが日本の感性の特徴となっています。また、この「移ろい」は、「万物流転《ばんぶつるてん》」ということで、「諸行無常《しょぎょうむじょう》」「盛者必衰《じょうしゃひっすい》」という無常観にも通

じます。この無常観は、「はかなさ」として日本の感性に広く関わる特記事項でもあります。「移ろい」は四季のみではありません。満月・半月・三日月という月の満ち欠けも重要な「移ろい」です。さらに、有明の月、黄昏《たそがれ》の月など、日々の「移ろい」もあります。日本では太陽の動きより月の動きの方がより多く話題になるのも興味ある点です。その他、潮の満ち干《ひ》など、「移ろい」の例は多岐にわたります。

日本語のアルファベットに相当する「いろは」歌が、「色《いろ》は匂《にほ》へと散《ち》りぬるを　わか世誰《よたれ》そ常《つね》ならむ　有為《うい》の奥山今日越《おくやまけふこ》えて　浅《あさ》き夢《ゆめ》みし　酔《え》ひもせす」と「移ろい」がテーマになっていることも、何か意味があるような気がします。

―「気配がする」「空気を読む」「風情がある」―

「移ろい」に関連する表現で、日本の感性をよく示す言葉として、「気配」「空気」「風情」が挙げられます。「気配」の「気」は、中国では万物の根源を示す基本的な概念ですが、日本では「空気」をはじめ、「天気」「本気」「元気」「人気」「景気」「電気」など幅広い意味に使われます。いずれも目に見えない、何となくの感じや状態を示す言葉です。

「気配」という漢字は古来あった言葉、「けはい」「けわい」の当て字だそうですが、「気」を

「配する」ということで、漢字で書いても何となく感じが出ていて、「日本の感性」を示す好例です。すなわち、この「気配」を敏感に感じとることが日本の感性として大事なことなのです。

昨今、一部の若い人たちの間で「空気を読めない」を省略して、「KY」と言うことが流行りました。Kは「空気」、Yは「読めない」を略したもので、流行語辞典にも載っています。この「空気が読めない」も「気配がする」と同様、日本特有の感性です。その場の雰囲気、空気を感じとり、それをふまえて対応・行動することが大切というわけです。

空気が動いて起こる「風」も「移ろい」です。風も空気と同じく、感性の重要な対象です。「気」と同様、「風」のつく単語も多岐にわたります。「風土」「風景」「風采」「風格」「風習」「風俗」「風紀」「風説」「風評」「風味」「風流」など、例示に事欠きません。これらの単語を英語に訳して、共通点は「風」といっても、ほとんどの外国人は理解できないでしょう。このように「風」を色々な事象に結びつけること自体が、「移ろい」を重んじる日本らしい感性なのです。

「風情」は「趣」「味わい」を意味する言葉で、一六〇三年にイエズス会によって長崎で発行された『日葡辞書《にっぽじしょ》』にも載っています。まさに漢字も読み方も、趣《おもむき》のある味わい深い言葉ではないでしょうか。

以上、「気配がする」「空気を読む」「風情がある」の三例を挙げましたが、いずれも漠然とした全体としての雰囲気、状況、情緒を感じさせる、日本の感性らしい表現です。

―「余情」の重視、名残《なごり》・面影《おもかげ》―

「気配」が前触れや前兆を意味する表現であるのに対して、「余情」「名残」「面影」は、既に過ぎ去ったことや過ぎ去った人に対する思い・感情に関わる表現です。「名残惜しい」とか「面影を偲ぶ」なども、単なる「思い出」「思い出す」とは違う、深い思いと感情が込められた含蓄のある言葉です。「面影」は目先にないものがいかにもあるように見える、「名残」は実際にはなくなっているものが恰《あたか》も残っているように思える、というわけです。

「余情」の意味として、辞書に「行為や表現のあとに残る、しんみりとした美的印象」とありますが、「面影」や「名残」も含めて、日本人は「余情」を大切にし、「余情」の味わいを好みます。その意味で、「余情」は日本の感性にとって重要なものです。

余情は、五感の全てに関わります。音楽会・絵画展・劇場などで、素晴らしい音楽や絵画、名演技に触れ、暫《しば》し現実を忘れるのも余情の一つです。視覚や聴覚だけでなく、匂いも味も触覚も余情に関わります。「後味《あとあじ》が悪い」は、味覚だけでなく一般的な意味にも使われますが、これは逆に、余情が味覚にも関わることを示している例ともいえます。

日本の伝統文化である茶道・華道・香道は、いずれも余情を重視しています。また、同じく伝統の詩歌である和歌・俳句も、この余情が重要な構成要素となっています。その意味で、和歌と俳句は、余情の文学といってよいかも知れません。五・七・五・七・七の三十一文字《みそひともじ》の和歌、五・七・五の十七文字の俳句は、いずれもリズムのある短い区切りで、体言止めも多く、余情を醸《かも》し出す詩歌です。

文学は、「文」の学として、「読むもの」というイメージが強いですが、和歌や俳句は、むしろ「詠み」「聴く」文学と位置づけてよいと思います。両者とも、詠じ聴くことによって余情をより大きく味わうことができるからです。

余情を大切にする日本人にとって、余情は単に「何かの結果として与えられるもの」「既に存在するものを味わうもの」ではなく、むしろ意図的に創り出すものでもあります。この「余情を創りだす」点も、日本の感性の重要な側面といってよいでしょう。

―「余韻」と邦楽、洋楽との対比―

余情が、五感全てに関わる一般的な言葉であるのに対して、「余韻」は余情と同じ意味にも使われますが、主として音楽や音に関わるものです。辞書では「音が消えた後に残る響き」となっていました。そこで、余韻は音の一部なのか、音の消えた後の響きなのかが、素朴な疑問として残りました。私は音楽の専門家ではないので判断できかねますが、いずれにしても、余韻が「音」にとって重要なものであることは間違いないと思います。

西洋音楽の楽器が、音をたて続けに出すのに対して、邦楽は余韻を大切にして演奏され、余韻を音楽の重要な構成要素と位置づけて作曲されているように見受けられます。邦楽にも太鼓や鼓などの打楽器、三味線や箏《こと》などの弦楽器、尺八や横笛などの管楽器があり、弦楽器には、弓や撥《ばち》で音を出すもの、爪や指を使うものなどがあって多彩です。しかしいずれも、余韻を重視するという点では、共通しているといってよいと思います。

一例を挙げると、楽器ではありませんが、年末恒例の除夜の鐘の音《ね》です。ゴーンという余韻が長く続き、それが聴く人の心に染《し》み入ります。『平家物語』の有名な冒頭の一節、「祇園《ぎおん》精舎《しょうじゃ》の鐘の声、諸行無常の響きあり」は、まさにこの余韻を描いたものです。鐘の音だけでなく、箏や太鼓の余韻なども、格別の味わいがあります。同じ鐘でも、カリヨンというヨーロッパの教会の鐘は、複数の鐘を連打して音をたて続けに出し時を知らせます。

辞書には、「余韻」にあたる言葉として、英語、フランス語ともに resonance が挙げられていますが、これは物理学でいう「共鳴」を意味し、余韻とはニュアンスが異なります。他にもいくつか訳語がでていましたが、適当なものは見つかりませんでした。因みに、余情にもよい訳語がありませんでした。英語のafter tasteでは、「後味《あとあじ》」という意味になってしまい、それこそ「後味」がよくありません。やはり、余情や余韻は感性として日本特有のものという気がします。

言葉の訳語だけではなく、「余韻」についての研究書も探しましたが見当たりませんでした。邦楽でも洋楽でも、また日本でも外国でも、余韻をとり入れた曲がもっとあってもよいのではないかと私は思っています。

―「余白」と水墨画・山水画―

水墨画も山水画も、もともとは中国に由来するものです。日本では鎌倉・室町時代に盛んになり、床の間の掛け軸などにも活用され普及しました。水墨画は山水画の一部門とされています。水墨画は墨による黒一色の絵で、濃淡の度合いなどにより遠近を示します。山水画は人物画、花鳥画に対応するもので自然の風景を描きます。山水画には色彩のあるものもありますが、その色彩は概して淡泊です。水墨画も山水画も、色の塗られていない白紙の部分が多く、これが両者に共通する大きな特色です。

この白紙の部分が、まさにここでいう「余白」です。十七世紀初めの画家、土佐光起《みつおき》は、「白紙も模様のうち」と『本朝画法大伝』で書いていますが、「余白」は単なる白紙、すなわち空白ではなく、絵の重要な構成部分になっているというわけです。先にとり上げた「余情」には、辞書によると、「行為や表現の目にみえない背後に、なお深く感じられる風情」というもう一つの意味があります。邦画の「余白」は、まさにこの「余情」の第二の意味にあたります。その意味で、「余情」と「余白」とは、相通ずる言葉といえます。

禅宗の寺院にある枯山水の庭は、石と砂と土で池や水の流れを表します。その意味で、「余白」「余情」に通じます。京都・龍安寺の石庭のように、庭全体の中に植物が全くない庭もあります。私はこの「余白」「余情」「余韻」を、「想像」と「創造」につながるものと位置づけています。すなわち、語呂合わせにもなりますが、「余白」「余情」「余韻」によって、何かを「想像し、創造する」わけです。

「余白」について説明しますと、白という色は、現実には存在しない色です。水墨画・山水画では、自分が描きたいものだけを描いて、それ以外は白紙のまま残しておきます。そしてあとは観る人の「想像」と「創造」に委ねるのです。「想像」と「創造」は観る人によって様々です。その意味で、「余白」には無限の可能性があるといえます。「余白」というのは、現実には有り得ません。しかし、このように考えると、西洋の絵画のように画面を全て色で塗り尽くすのではなく、「余白」を残すことは、それなりの重要な意味があるといえます。すなわち、「想像」と「創造」を観る人に残しているのです。

禅僧の描く「禅画」の中には、ただ丸い形の「円」を描いた絵があります。これなどは、美を描き出すというよりは、同じ「絵」でも、「考えさせる」という「想像」と「創造」の面が強い絵といえるでしょう。

―未完結の美・不均斉の美―

普通、「美」というと、形のよいもの、形の整っているものを連想します。日本でも、そのような美が否定されるわけではありません。形の良いもの、形の整っているものは、やはり美しいです。しかし日本では同時に、形の欠けているもの、未完結のもの、不完全なもの、不均斉なもの、非均斉なもの、不揃いなもの、歪《いび》つなものにも美を見出します。あるいは、それが日本の感性の特徴といってもよいのかも知れません。いくつかの事例を挙げて説明します。

まず、日本の絵画は、水墨・山水画に限らず、写実画でないものが多いです。写実であっても、描きたいものだけを特出したり、誇張して描くものが多いのが特徴です。尾形光琳の『燕子花図』は、根も土もなく、宙に舞う杜若《かきつばた》の群生を描いています。伊藤若冲の絵も、主題になるものが特出され誇張され、大きく描かれています。写生は写生でも、対象となる動植物などを背景から切り離して、恰《あたか》も「静物」のように描いたり、一部を誇張して描いたりしています。その意味では、部分的には極めて詳細な写実ですが、全体としては写実画ではなく印象画なのです。すなわち、「印象」ということで、未完結とか欠けているとかを気にせずに描いているわけです。茶道で珍重される茶碗も、不均斉で歪《いび》つなものが多いのが特徴です。

非均斉の例としては、日本の庭が挙げられます。欧米の庭は左右対称で均斉がとれ、幾何学的に設計されたものが多いですが、日本の庭園は左右対称ではなく、レイアウトも整然としたものではありません。いわば自然のままに設計・造営されたものが多いです。また、回遊式庭園といって、観る人が自ら庭の中を巡回しながら、鑑賞する庭が多いのも特徴です。人為的・人工的でなく、自然のままを志向すること自体が、結果として非均斉の美につながるともいえます。

伝統的木造建築で、当初から増築、建て増しが想定されていて、あらかじめそうし易いように設計されたものもあるという話も聞きました。劇場のレイアウトなども、歌舞伎の花道や能舞台の「橋がかり」のように、左右対称でないものも多くみられます。

このように、日本では、左右対称とか、整然としたものとかに、あまりこだわらず、未完結、不完全、不均斉、非対称のものが、そのまま設計・設営されるケースが比較的多いようです。むしろ、人によっては、整然としたもの、幾何学的なものより、未完結、不完全、非均斉の方が、心が落ち着くという人もいます。整然としたものより、多少いびつなものの方がよいというわけです。これも日本人の感性の一つの表れといえましょう。

―「間《ま》をおく」「間《ま》をとる」―

「間《ま》」は、日本の感性にとって重要な意味合いを持ちます。「間」という漢字は、「人間」「世間」「仲間」と色々な意味に使われ、読み方も様々です。その中で、「間をおく」「間をとる」にみられるように、「間《ま》」は日本特有の感性として、伝統的な文化・芸能の分野で重視されてきました。「間《ま》」とは、ちょっと間隔をあけるということで、時の流れの中、すなわち時間的な意味においても、あるいは対象物との関係、すなわち空間的な意味においても使われます。

英語でいうと、時間的な意味ではintervalないしpause、空間的な意味ではspaceと、別の単語になりますが、日本語では「時間」「空間」と、対《つい》をなす単語となっています。なお、「時間」と「空間」の関係は、欧米では三次元の世界というと、縦、横、高さの「空間」で、四次元の世界となると、それに「時間」が加わるとされていますが、日本では「時空を超えて」の表現のように、両者を対《つい》にして一つに組み合わせていることも興味のある点です。

時間の流れの中で、あるいは、対象物・相手との間で、ちょっと間隔をおき立ち止まり、あるいは距離をおいて考える、顧みることは、文化芸術の世界だけでなく、柔道・剣道などのスポーツの分野でも極めて重要なことです。「間のおき方」「間のとり方」が、勝負の分かれ目になることは往々にしてみられるからです。

文化芸術面に戻って一例を挙げれば、歌舞伎で「見得《みえ》」を切る場面は、まさに「見せ場」として「間合い」の重要なところです。能や狂言でも、「間」は極めて大切なポイントとされています。世阿弥以降ずっと、その重要性が指摘されてきています。

「間をおく」「間をとる」ことが大切なのは日本に限ったことではありませんが、特に日本では「間」のとり方、おき方が重要視されており、その意味で、「間」は日本に特有な感性の一つと位置づけられると思います。

―「間《ま》」と邦楽、「間《ま》」と日常生活―

「間《ま》」は、特に邦楽の世界で重視されしばしば話題になります。音楽では、拍子とかリズムが基調になり、これが周期的に繰り返されるわけです。相対論かもしれませんが、西洋音楽では、それが比較的規則通りに行われるのに対し、邦楽では一瞬、音がピタリと停止する、すなわち「間」が入ります。合奏でも、洋楽では色々な楽器がそれぞれ時間をずらして、音を停止させる場合が多いのに対して、邦楽では一瞬、全ての音が一斉に休止する場合が見受けられます。

邦楽の「余韻」については前述しましたが、「余韻」は音が残るのに対して、「間」は音が一旦休止します。ただしそこで音楽が途切れるのではなく、そこから次へ進むのです。「間」をとることによって、さらなる飛躍へとつながるのです。その際、間のおき方が極めて重要で、少しでもそれが違ってくると、「間抜け」になったり「間延び」になってしまいます。「拍子抜け」とか「拍子外《はず》れ」も同じ意味です。「間」のタイミング、長さなどが微妙で、そのとり方によって全く逆効果になります。

この文章を書いているときに気がついたことですが、日常使う「間違い」という言葉の語源も、この「間《ま》」のとり方の「違い」からきているのではないかと思いました。もしそうであれば、「間違い」は日常生活の至るところでみられることになります。ただし、もしこれが「間違い」であったら、予めご容赦をお願いしておきます。

このように「間」は、日常生活、文化、芸術、スポーツに至るまで幅広く関わりがあり、その意味でも、日本の感性と密接な関連があります。「間」という漢字は先にも述べたとおり、色々な意味、読み方があり、「人間」「世間」「仲間」のように、関係を示す言葉にもなりますが、これらについては改めて触れたいと思います。

さりげなさ、細《こま》やかさ、素朴さ、静けさ

―日本の感性としての「さりげなさ」―

日本の美的感覚の次のカテゴリーとして、「さりげなさ」を挙げることにしました。すなわち、「さりげなさ」として、それぞれニュアンスの相違はありますが、「細《こま》やかさ」―小さく目立たないもの、「奥ゆかしさ」―控え目なもの、「地味・渋味」―大人《おとな》しいもの、「素朴さ」―飾りけのないものを、一つのカテゴリーにまとめた次第です。「静けさ」も、音と動きがなく目立たないということで、このカテゴリーに入れました。

これらはいずれも目立たず控え目で、さりげなく、しかも多くの場合、自然のまま、ありのままということで共通しています。したがって、ともすると気づかず見逃してしまいがちです。このようなものに注意を払い趣を感ずる、それが日本の感性というわけです。例示と

してまず、松尾芭蕉と小林一茶の俳句を一句ずつ挙げて説明します。

まず、芭蕉の有名な句、「古池や蛙《かわず》とび込む水の音」です。蛙のとび込む音はそれ自体、特に趣のあるものではありません。気付かない人も多いでしょう。しかし、背景となる情景如何によっては、何とも言えぬ深い情感のある音に聞こえるのです。情感を感ずるかどうかはその人の感性の問題です。作者である芭蕉も、その句に深い味わいを覚える人も、些細な、さりげないことに情緒を見出す人なのです。これが日本の感性です。

一茶の「やれ打つな蝿が手をする足をする」も、小さな虫、蝿の細やかな動作に着目して、そこに深い情緒を感じ、表現したものです。小さな蝿のさりげない所作に、何とも言えない情感を見出しこれをユーモラスに描写する、恐らくこのような詩は他に類がないでしょう。私はこの句は、日本の感性を象徴する、世界に誇る名句といってよいと思っています。

この「さりげなさ」は自然・事物の現象や状況だけでなく、人の行動・動作にもあてはまります。目立たず控え目に、人に知られずよいことを「さりげなく」する、これも日本の感性です。外国人から、日本人はもっと自分をPRしたり自己主張したりすべきだとよくいわれます。私もそう思います。ただ同時に、私はこの「さりげなさ」「奥ゆかしさ」などという日本の感性を、外国人にもっと知ってほしいと思っています。

―「細《こま》やかさ」小さく目立たないもの―

雄大な景観、例えばアルプスの山々、大河の流れ、大瀑布などが、人の感性に訴えるのは間違いありません。ただ同時に、同じ自然でも小さなもの、例えば湖水の漣《さざなみ》、小川のせせらぎ、白糸の滝などに風情《ふぜい》を見出すのも感性です。そして、この細やかで小さなものにも趣を見出す、それが日本の感性の一つの特徴なのです。

花が一輪だけぽつんと咲いている情景も、「梅一輪一輪ほどの暖かさ」という芭蕉の弟子・服部嵐雪の句にみられるように、ささやかながらポジティブに、暖かみのある情緒として捉えられます。風鈴という小さな鐘の形をした鈴を、家の縁側などに吊るしておき、そよ風が吹くとそれが小さな快い音を発する、これなども実に風情のあるものです。

その他、ささやかな水の流れを利用し、竹の筒に水がたまると、その重さでぽんと音をたてて筒が下がる、庭に設けられる「鹿脅《ししおど》し」、地中に瓶を伏せて埋め空洞を作り、そこに水滴が落ちて琴のような音色を出す「水琴窟《すいきんくつ》」など、細やかな趣のある工夫が日本には数多くみられます。小さなものに趣を見出すだけでなく、小さいものにこだわり、小さいものに趣向を凝らし、小さな工夫を創り出して、風情を楽しむというわけです。

このように細やかなもの、小さくて目立たないものに風情を見出す感覚は、四方を海で囲まれ、国土が狭く、その中で密度の濃い生活を送るという、日本の地理的な自然条件にも関連するものと思われます。すなわち、大陸とは違った味わいがそこにはみられるのです。それは自然についてだけでなく、人の生活の中にも窺《うかが》われます。日常の暮らしでも、ごくありふれた普通の物事に風情を見出し、また工夫して風情をつくり出すのです。

第五章でとり上げる、日本の衣・食・住もそうですし、文学や芸能でも、細部にわたってきめ細やかな「こだわり」がみられる、これが日本文化全体に共通する大きな特徴になっています。目立たないので、気づかずに見逃してしまうことも多々ありますが、それだけに気づいたときの喜び、また人が気付いてくれたときの嬉しさは格別です。

―「奥ゆかしさ」、控え目―

「奥ゆかしさ」は、「奥床しさ」とも書きます。「床」はあて字で、語源的には、「奥行かしい」に由来し、「奥にあるものに心が引かれる」「奥に行きたい」の意味とのことです。「奥」は英語で bottom とか inner part ですが、日本語では「奥義」「奥方」「大奥」など多様な意味があります。まさに「奥の深い」言葉です。「奥ゆかしい」は、「でしゃばらない」「控え目にする」「遠慮する」など、一歩退いて表には出ないという「慎ましさ」の意味ですが、「遠慮する」の「遠慮」は、「遠く慮《おもんぱか》る」で、「遠い先のことまで考えて、控え、慎む」という意味になり、これも「奥の深い」言葉です。

「出る杭は打たれる」などの表現も「奥ゆかしさ」に関わるものですし、また、中国語に由来する「陰徳《いんとく》」も、日本でよくいわれることです。同じく中国からの言葉で「謙虚」なども、日本に根付き、日本の感性となっています。

贈り物をするときに、「お口に合わないものですが」とか、「誠につまらないものですが」などといって相手に進呈します。外国人にはなかなか理解できないことですが、日本ではそれが、「奥ゆかしい」として通用しています。相手を尊敬する敬語の中に自らを卑下・謙遜する「謙譲語」があることも、日本的な「奥ゆかしさ」と関連があるといえましょう。

「下手《したて》に出る」「相手に花を持たす」「負けて勝つ」などの表現も、「奥ゆかしさ」と位置づけられますが、これらは対人関係の中での駆け引きを意味する場合もあり、そうなると「奥ゆかしさ」とは意味合いが若干変わってきます。

―「地味」「渋味」、大人《おとな》しさ―

「奥ゆかしさ」が、人の「こころ」や行動についてのものであるのに対して、「地味」「渋味」は人の性格や服装などについての表現です。いずれも「派手」に対するもので、落ち着いて飽きのこない、「大人《おとな》」しいという意味です。「地味」の「地」は、「地に着いた」ということで、「地道」などと同義語です。「渋味」については、果物の渋味が何故「落ち着いた」の意味になるのかわかりませんが、「地味」も「渋味」も、フランス語の「シック」(chic)に極めて近い意味です。シックは、辞書では「お洒落な」「粋な」となっていますが、同じ「お洒落」でも、派手でなく落ち着いた「お洒落」です。シックな装いとは、落ち着いた色で、模様なども派手でなく、流行に左右されず長持ちする、まさに「地味」で「渋味」のある服装と相通じるものです。

日本語の「大人《おとな》しい」も面白い表現です。同じ漢字でも、「大人《たいじん》」と読むと体の大きな人、立派な人の意味ですが、「大人《おとな》」と読むと一人前の人、成人の意味になります。それが「大人しい」と形容詞になると、落ち着いて穏やかという意味になります。この「大人しい」なども、日本の感性らしい表現といえます。

若干ニュアンスは違いますが、似た言葉に「乙な」という表現があります。「乙」は古代中国の序列で「甲」の次にくる、「二番目」の意味です。辞書によると、音の高低の話で、「甲」が高音で、「乙」が次にくる低音という意味から、「乙な」が、「洒落た」「味のある」という意味になるそうです。ただ私には、「乙な」は、上のない「甲」ではなく、まだ上のある「二番目」を目指すという、日本的な感性に結びついている言葉であるように思われます。

―「洗練された素朴さ」refined simplicity ―

できるだけ人の手は加えず、自然のままの状態を保持するというのも日本の感性で、日常生活でもよくみられる特徴です。たとえば和食では、素材の味を最大限に活かし、新鮮でさっぱりした味わいが大事なポイントです。和の住居は、飾りや装飾が少なく、質素な「しつらい」が特色となっています。

この飾り気のない素朴さは、日本の伝統的な建築様式にも象徴的に具現されています。二十年毎に遷宮を行い、建て替えられる伊勢神宮は、五十鈴川《いすずがわ》と杉木立を背景に、白木（素木）のままの丸太を基本に、垂直、水平な直線の組み合わせが基軸になっています。そのシンプルな「たたずまい」は、古くから今日に至るまで、全国津々浦々から「お伊勢参り」に訪れる参拝者の「心」をとらえています。

京都・宇治にある宇治上神社《うじがみ》の本殿は、約千年前に建立された日本最古とされる神社建築で、国宝に指定されています。宇治川の対岸にある、洒脱《しゃだつ》で整った平等院とは対照的に、鄙《ひな》びた境内に、何気なくひっそりと立つ本殿と拝殿だけの極めて簡素素朴な神社ですが、その風情には何ともいえぬ味わいがあり、ユネスコがこれを世界文化遺産に登録したのはさすがと思っています。

ここで私が強調したいことは、これらの建築の素朴さが単に自然のまま、ありのままの手をかけないということにとどまらず、極めて「洗練された素朴さ」であるということです。英語でいうと、refined simplicity になります。もう半世紀あまり前のことになりますが、英国留学時代に何回か、日本ないし日本文化について話をする機会があり、その折のタイトルをその言葉にしたのを、今なおよく覚えています。シンプルはシンプルでも「洗練された」＝refined ということで、私の好きな言葉の一つで今でもよく使っています。

―「静けさ」の積極的意味付け―

「静けさ」とは、動きのないこと、音のないことです。どちらも「静かな」状態です。別の表現でいうと「何も起こっていない」ことです。何も起こっていないので、何も生じないというのが通常の論理です。すなわち、何もない「静けさ」には、積極的な意味合いがありません。

これに対して、「静けさ」の中に積極的な意義付けを見出すのが日本の感性です。静座、静思、沈思黙考、瞑想など、いずれもプラス志向の言葉です。高校時代、鎌倉の禅寺・円覚寺《えんがくじ》で、独り外で座禅を組んでいたときのことです。音も動きも全くない暗闇と静寂の中で、突然かすかに尺八の音《ね》が聞こえ、この世のこととは思えない情感を覚えたことが、今なお脳裡に焼きついています。それはまさに、全てを包含し、全てを生み出す空間と時間の中に居るような感じでした。

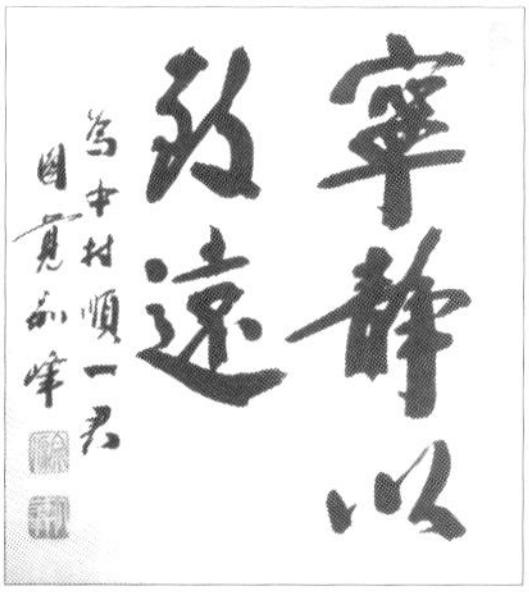

鎌倉円覚寺にて朝比奈宗源老師と（17、18 歳の頃、後列は中学時代の友人）

その後、大学を経て英国に留学することになり、当時の円覚寺の朝比奈宗源管長から、「寧静以致遠」という私あての直筆の色紙を頂き、現在もそれを手許に置いて、座右の銘としています。これは中国の古典からの言葉なので、「静けさ」の重視は日本の感性だけではなく、東洋の発想でもあるといえます。

一般に、西洋が「動の文化」であるのに対して、東洋は「静の文化」といわれています。東洋でよくいわれる「静は動に優る」という表現からもそれが窺えます。西洋にも「静寂主義」quietismという近世キリスト教の一派があるそうですが、辞書によると「無抵抗主義」に近い意味となっていて、東洋の「静」とはニュアンスが違うようです。したがって、「静けさ」の積極的な意味付けは、日本・東洋の特徴といってよいでしょう。

「静」に関連して、「受身」や「待ち」の対応も日本・東洋的な発想といえます。「柔よく剛を制す」「攻めより守り」「受けて立つ」といった表現も、「静は動に優る」と同様、東洋の考え方であり、日本の感性です。「動中静あり」「忙中閑あり」も、「動」「忙」の中の貴重な「静」「閑」であり、次のステップへの飛躍に備えるという、積極的な意味付けがそこにはみられます。

もののあはれ、雅《みや》び、わび・さび、いき・すい――伝統的美的感覚

―否定を肯定にする感性―

次に、日本に特有の伝統的美的感覚として、「あはれ」「もののあはれ」「雅《みや》び」「わび・さび」「粋」をとり上げます。これらはいずれも、他のアジア諸国とも異なる日本独特のものです。「もののあはれ」は「あはれ」からでた言葉で、時代的には「あはれ」が先で、「雅び」と「もののあはれ」がそれに続き、次に、「わび・さび」「粋」の順となります。なお、「粋」は江戸時代に流行《はや》った言葉で、京都・上方では、「粋《すい》」と読み、江戸では「粋《いき》」と読んで、両者には後述するようにニュアンスの相違がみられます。

このうち、「あはれ」「もののあはれ」「わび・さび」は元来、悲哀・孤独・衰退を意味するネガティブな言葉でした。すなわち、「あはれ」は「哀れ」、わびは「侘びる」、「さび」は「寂びる」に由来します。それが次第に肯定的な意味になり、美的感覚にまで高められたのです。このように、否定的なものに肯定的なものを見出し、これを趣のある美的感覚にまで高める、これが日本の感性なのです。

「雅《みや》び」「粋」についても、いわゆる標準的、定型的な「美」とは一味違うものがあります。「雅《みや》び」は何となく「控え目」で「抑えた」美しさであり、「粋《すい》」と「粋《いき》」に共通してみられるのは「斜に構えた」美しさとでもいうか、一種独特の「くずれた」ないし「くずした」美しさです。

―「あはれ」と「もののあはれ」―

「あはれ」は、『古事記』にも『万葉集』にも出てくる言葉です。当初は、賛嘆・愛着の感動を示す意味でしたが、次第に悲哀を表すようになり、それが平安時代になると、しみじみとした深い情感を示す言葉になったとされています。さらに、「あはれ」の前に「ものの」がついて、「もののあはれ」になると一層深みが増し、一段としぼりこまれた人生の機微や「はかなさ」を示す表現になります。ある辞書によると、「もののあはれ」は「もの」、すなわち対象客観と、「あはれ」、すなわち感情主観とが一致するところに生ずる調和的情趣の世界とされています。

なお、「あはれ」については「かなし」「いたまし」に加えて「こいし」「うれし」「たのし」「をかし」など、喜怒哀楽全てを包含する広い意味にもなるとする説、「をかし」との対比で、両者は優美という点で共通しているものの、「をかし」には明るさがあり、「あはれ」には哀感が伴うとする説など、解釈もいくつかあります。

「あはれ」に類似する言葉として「幽玄」があります。これは中国語に由来する言葉ですが、日本では和歌との関連で言及されることが多く、『新古今和歌集』は、「幽玄」を基調とする歌集と一般にいわれています。また、能も幽玄の世界を描く演劇とされています。意味としては、「幽」も「玄」も奥深く微妙で、容易にはかり知れない味わいという意味です。

紫式部の『源氏物語』、清少納言の『枕草子』をはじめとする、平安時代の「あはれ」「もののあはれ」の文学、『古今和歌集』『新古今和歌集』などにみられる平安時代の和歌は、いずれも同時代の世界の文学・詩歌と比べて文芸作品としても突出しており、内容的にも細やかで奥が深く、情感にあふれた、日本の誇りといえるものです。

ここで特に強調したいのは、紫式部、清少納言、和泉式部などの女流作家、『万葉集』から『新古今和歌集』にかけて名を連ねる多くの女流歌人の活躍です。シェークスピアから遡ること六百年、しかも女流作家・女流詩人がほとんどみられなかった時代に、数多くの女流作家・歌人を輩出したことは、世界でもっと周知されてもよいと私は思っています。

―「源氏物語千年紀」と古典の日―

『源氏物語』は、一般に「もののあはれ」の物語とされていますが、作者の紫式部がそういっているからではなく、江戸時代の国文学者・本居宣長が高く評価し、その本質を「もののあはれ」としたからです。その物語は五十四帖に及ぶ大ロマンで、千年前に書かれた、日本が世界に誇る最高傑作です。

紫式部日記に、一〇〇八（寛弘五）年十一月一日の日付で、『源氏物語』への言及があります。そこで、二〇〇八年十一月一日、国立京都国際会館で、天皇・皇后両陛下（現上皇・上皇后両陛下）をお迎えし、「源氏物語千年紀」の記念式典が行われました。二十数ヵ国から、『源氏物語』の研究者・翻訳者などが出席して記念シンポジウムも開催されました。当初よりその企画に携わってきた私にとっては、まさに感慨無量の一時でありました。

この千年紀を一回の記念行事だけで終わらせないということで、十一月一日を「古典の日」と定めようとの動きが京都で盛り上がり、式典の際「古典の日」宣言が発表され、続いて二〇一二年、「古典の日に関する法律」が制定されました。恐らく世界で、「古典の日」が法律で決められているのは日本だけではないかと思います。制定から十年近くを経た今日、古典への関心は徐々に高まってきていると思いますが、せっかくの「古典の日」であり、この日に地方自治体や教育委員会などが中心となってさらに色々なプログラムが設けられ、多くの人々がこれに参加することを、古典の日推進委員会より委嘱されたアドバイザーの一人として期待しています。

―「雅《みや》び」の文化と生活―

「あはれ」と「もののあはれ」が主として文学の世界に関わるのに対して、「雅び」は文学だけにとどまらず、平安時代を中心に、宮廷＝「みやこ」の生活様式、衣裳、装飾、風俗を形容する表現として使われます。因みに、語源的には「みやこ」は「宮処」、すなわち「宮のある処」に由来し、「雅び」は動詞「みやぶ」の活用形からきているという説、「宮」と「美」とが結び付いて「宮美《みやび》」になったとの説があります。

本居宣長は、「雅び」が理解できなければ「もののあはれ」も理解できないとして、「雅び」を「もののあはれ」の基盤と位置付けました。その意味では、両者は関連していますが、「もののあはれ」にしんみりとした「哀感」が込められているのに対し、「雅び」は、しとやかではありますが、「優美」が前面に出ています。「雅《みや》び」は宮廷風で、洗練された上品さ・優美さと定義付けられますが、華美に走らず、むしろ控え目で大人《おとな》しい、落ち着いた美しさといえましょう。

この「雅び」を支えたのが、公卿を中心とする平安時代の宮廷文化でした。その意味で、平安時代の文化を「公卿文化」と称することがあります。換言すれば、この「公卿《くぎょう》文化」が「雅び」の文化になるわけです。『源氏物語』の中に、和歌の贈答などの風流な応酬を「雅びを交わす」と表現している箇所がありますが、これなどは、「雅び」の文化を示す象徴的な用例で、誠に趣の深い表現です。

「雅び」の「雅」は、中国語でも宮廷風で格調が高いという意味になります。中国で、公式の饗宴音楽として演奏された「雅楽」は、朝鮮半島を経由して日本にも伝来し、平安時代に「雅び」の音楽として独自に発展・定着しました。「雅楽」は日本で現在も、国賓来訪時の公式晩餐会などで演奏されています。

―「わび・さび」の系譜―

平安時代の「あはれ」「もののあはれ」「雅び」は、平家が滅亡し、鎌倉時代になって武士が台頭し、力を得てくると次第に様変わりしてきます。すなわち、それまでの優美の世界から質実剛健を重んずる時代へと移行していきます。装飾が排除され、素朴さが尊ばれるようになります。華美、優美ではなく、質素を旨とするわけです。

同時に、平家・源氏の盛衰を通して、琵琶法師によって語られた『平家物語』は、無常感に溢れていると思われます。十三世紀前半に、「はかなさ」や無常感が一段と強まったように思われます。同時代の鴨長明の『方丈記』、やや遅れての吉田兼好の『徒然草』も、随所に無常感や「はかなさ」が出てきます。『新古今和歌集』に多くの和歌を寄せている西行法師も、旅を通して、無常感に溢れる歌を詠んでいます。

この素朴さと無常感が、「わび・さび」発生の契機になり、原動力になるのです。すなわち、時代的にいうと、室町時代から戦国・安土桃山時代にかけて、「わび・さび」という新たな日本の伝統的な美的感覚が芽生えて定着します。その「わび・さび」は、茶道と連歌という二つの流れを軸として推進されました。

茶道については、室町中期の書院造の広間での茶事「書院茶」から、応仁の乱以降になると、質素・簡素を旨とする新しい茶風が、珠光、武野紹鷗などによって創始され、千利休によって確立されました。これが、「わび・さび」を基調とする茶道で、「侘び茶」といわれるものです。

茶道は、鎌倉時代から室町時代にかけて武士階級の間に浸透した禅宗と密接に関わり発展し、「茶禅一味」ともいわれました。ということで、「わび・さび」の担い手は、質実剛健を重んずる武士階級といってよいわけですが、併せて堺の商人など、町人や商人の間でも茶道は広まりました。これも茶道の特記事項で、千利休ももともとは堺の商人でした。

連歌（俳諧）については、連句が主流で、言葉遊びという面が強かった時代から、江戸時代に入り、いわゆる蕉風俳諧が松尾芭蕉によって始められ、「わび・さび」の美を基調とする時代になりました。西行法師の伝統が引き継がれ、旅の無常感とか、人里離れた寂莫感、孤独感などが好んで詠まれるようになったのです。

―閑寂《かんじゃく》・枯淡《こたん》の美学―

「わび・さび」は、閑寂・枯淡の美学といわれます。「閑《さび》しさや岩にしみ入る蟬の声」という芭蕉の句も、閑寂・枯淡の美しさを示す一例です。「わび・さび」は、「冷え」「枯れ」「寂《さび》れ」を基軸にしているともいわれます。そこには二つの特徴が見出されます。一つは、人間は本能的に「心地よさ」を望みますが、武士の世界ではむしろこれが排され、自らの修行に励むということです。もう一つは、「引き算」の美とでもいいますか、本質に迫るために余計なものを排除することによって純粋な美に到達するという考え方です。逆説的ですが、欠如感、不足感が美につながるというわけです。人気《ひとけ》のない、古びた隠れ庵での茶事、鄙《ひな》びた飾り気のない二畳とか四畳半の狭い茶室での呈茶など、これが侘び茶になるのです。何もない狭い空間の中に、むしろ無限の広がりを感ずる、これが日本の感性といえます。

さらに、茶道で使用する茶碗で、色彩などが地味であるだけでなく、一見、形も不均斉で歪みのあるものが、却って趣が深いとして珍重されることなども、日本特有の感性といえましょう。これも、自然そのものが必ずしも形が整っているわけではないということで、自然のままを尊重する姿勢と無関係ではないように思われます。豊臣秀吉の時代に象徴される桃山文化が、一方で絢爛豪華《けんらんごうか》な特色を有しつつ、他方では閑寂・枯淡の美が尊重されていたのも興味があることです。

「わび」と「さび」は共通する面も多く、「わび・さび」と一括して引用されることが多いですが、両者は語源的には別のものです。すなわち、「さび」は「寂しい」に、「わび」は「侘しい」に由来します。前者は閑寂という「状況」に力点が置かれ、後者は心細く、はかなく思うという「気持ち」に重点が置かれるとの説、「さび」から「わび」へと、時代的には「さび」が先行するとする説、「さび」が俳諧も含めより一般的な表現であるのに対して、「わび」は「侘び茶」のように茶道を中心に引用されるとの説など色々です。いずれにしても、「わび」と「さび」が、武士階級を中心に、日本の伝統的な美的感覚の主となったことは疑いありません。

―「粋」、「いき」と「すい」―

戦国時代、安土桃山時代を経て、江戸に幕府が開かれ江戸時代になると、国内の政情も落ち着き、経済・産業も着実に発展しました。それに伴い、町衆・町人の力が大きくなりました。そのような状況の中で、武士階級によって重んじられた「わび・さび」に代わり、今度は町の人々を中心に、新たな美意識・美的感覚が芽生えました。これが「粋」です。

江戸時代に入り、まず京・上方で、「粋」は「すい」と読まれ、「まざりけのない」「すぐれた」といった意味に加えて、「人情・世情に通じた」の意味にもなり、「粋人《すいじん》」などといわれるようになりました。そして、それからやや遅れて江戸時代中期になると、「粋」は、江戸で「いき」と読まれ、「さっぱりと垢抜けている」「人情の機微に通じている」という意味になったとされています。

「いき」は「意気」から転じた言葉であるとの説が有力で、近代の哲学者・九鬼周造氏は、その著書『「いき」の構造』で、「いき」の構成要素として、「媚態」(色っぽさ)、「意気地《いきじ》」(張りのある)、「諦《あきら》め」(垢抜けしている)の三つを挙げています。この「いき」は、現在でも、「粋な人」「粋なはからい」のように、「恰好が良い」「ものわかりの良い」といった意味で、広く日常用語として一般的に使われています。

この美的感覚としての「粋」は、「いき」にしても「すい」にしても、洗練されていながら、一寸崩れたところがある、斜に構えたところがある、というのが私の感触です。その意味で、標準的・典型的な「美」とは一味違う、日本独特の美的感覚といえると思います。これも、「粋」が町人の「遊び」の世界から生まれたという背景を考えるとうなずけることです。

このように、日本の伝統的な美的感覚が、時代の変遷によりかなり明確に変化を重ねてきたことは、日本の感性の大きな特徴の一つであります。さらに、文化の主要な担い手が、公家、武家、町人と、時代によって次々に変遷してきたことも世界では極めてユニークで、日本の感性についての興味深い特記事項として、私が特に強調したい点であります。

―現代に活きる伝統的美的感覚―

日本の伝統的な美的感覚のうち、「あはれ」「もののあはれ」「わび・さび」は、俳諧、茶道をはじめ、文化・芸術の分野で根強く残っています。しかし特に、現在でもそのまま生き続けているのは、「雅び」と「粋《いき》」ではないかと思います。

「雅びの都」といわれる京都には、毎年多くの人々が「雅び」を求めて訪れます。和菓子でも土産品でも、「雅び」の名がついたり「雅び」なものが好まれます。また「粋」は、「お洒落《しゃれ》」の大事なポイントになっています。「粋な感じ」は、若者たちの「恰好良さ」を示しています。

この「雅び」と「粋」が昔ながらに今も残っているのが、祇園を中心とする京都の花街《かがい》です。京都に住んでいると、花街を見聞する機会に恵まれます。そこには、「雅び」と「粋」だけでなく、伝統がそのまま現代に生き、従来からのしきたりや習慣がそのまま日常生活に維持されているコミュニティーがあり、ユニークで貴重な文化的存在であるという気がします。朝早くから芸の稽古に励み、夜遅くまで「お座敷」を勤める若い芸舞妓の生き様《ざま》は、同世代の女性からは想像もつかず、年頃の娘を持つ親にとっては驚きに近いものです。

章の結びにあたって、日本の美的感覚全般に共通することを一点付記したいと思います。それは、日本の美的感覚は、全体の雰囲気や状況から、「何気なく」、「何となく」にじみでるような情趣を大切にするということです。「あはれ」「もののあはれ」「わび・さび」もそうですし、「雅び」や「粋」もそうです。「気配」とか「風情」とかも、全体から醸《かも》し出される趣《おもむき》ですし、「余情」も、何となく感取される情感です。

これらはいずれも、言葉で具体的に説明することが困難なものです。特に、外国人に外国語で説明するのは至難です。しかし、このような、口で、あるいは文で表現しにくい「何となく」の情趣も、日本の感性の一つの特徴である以上、何とか工夫して外国人に説明し、外国人にわかってもらう努力が必要であると私は思います。

第四章

察する文化と和の文化

―日本の感性そのII

本章では、「日本の感性そのII」として「察する文化」と「和の文化」をとり上げます。「美的感覚」とは違って、主として「人間関係」に関わる感性です。「察する文化」には最近流行《はやり》の「おもてなし」も入ります。その関係で、「ホスピタリティ」「サービス」(奉仕)との対比にも言及しました。また、日本人のコミュニケーションの仕方の特徴にも触れました。「和の文化」は、七世紀初めの聖徳太子の十七条憲法以降、日本人の生活と日本社会に深く関わり、現在に至っています。

察する文化―思いやり、気遣い、心配り、おもてなし

―相手の立場に立つ―

まず、「察する文化」ですが、具体的内容としては、「思いやり」「気遣い」「心遣い」「気配り」「心配り」などが挙げられます。それに、最近流行っている「もてなし」「おもてなし」も、相手の気持ちの推察と、相手への思いやりとが出発点であるので、このカテゴリーに含めました。また、相手の立場に立つという関係で、「ホスピタリティ」や「サービス」(奉仕)との対比についても言及しました。

「察する」の対象には、自然の状況や「モノ」の状態もありますが、ここで取り上げるのは、人間の気持ち、心情についての推察、すなわち思いやりです。相手の気持ちを知る方法として、最も直接的な方法は、相手に直接、気持ちや心情を問い質《ただ》すことです。しかし、日本では、直接聞き質すのではなく、周辺の状況や事情から相手の気持ち・心情を推測し、忖度《そんたく》する場合が多くみられます。すなわち、相手の立場や気持ちを察して、直接、聞き質すことを避け遠慮する、これが日本の感性です。相手に聞く場合にも、単刀直入に聞かないで、遠回しに、

婉曲に聞き質し、あとは推察します。これも同じ感性です。いずれも直接聞き質すのは相手に失礼であったり、相手の気持ちを害するのではないかという配慮によるものです。これを私は、日本の「察する文化」といってよいと思っています。

この「察する文化」は、コミュニケーションの仕方に関係します。「黙っていてはわからない」という欧米的な発想に対して、日本では、言語以外によるコミュニケーションも重視します。「以心伝心」とか「阿吽《あうん》の呼吸」とかがこれにあたります。この章では、このような日本的なコミュニケーションについても言及したいと思います。

—「思いやり」は「察する文化」の原点—

「思いやり」は、自分の気持ちや思いを、相手の方に「遣《つか》わす」ことです。すなわち、相手の身になって思う、相手の立場に立って思うことです。したがって、「思いやり」をもって「察する」とは、相手の身、相手の立場になって「察する」ことです。ということで、「思いやり」は「察する文化」の原点と位置づけられます。

「思いやり」の同類語に「同情」があります。「思いやり」と同じ意味に使われることもありますが、英語の sympathy の訳としても使われます。英語の sympathy は、自分が相手に同情するということで、同情する「自分」が主体です。その点で、主体が相手である「思いやり」とは、ニュアンスの相違がみられます。英語では、compassion の方が、sympathy より「思いやり」に近そうです。またあまり使われない英語の表現ですが、fellow feeling という言葉が辞書に出ていました。こちらも、「思いやり」により近い表現かも知れません。

中国で、孟子の言葉に「惻隠《そくいん》の心は仁《じん》の端《たん》なり」という、よく引用される表現があります。「他人に対する思いやりの心は、仁の源である」との意味です。「惻隠」の「惻」も「隠」も、「いたましく思う」の意とのことですが、「惻」は「側」にも通じ、ここでいう「思いやり」に近い表現に受けとれます。

ここで、自分自身の体験から得られた、「思いやり」の一例を挙げたいと思います。私は、外務省とＪＩＣＡ（国際協力機構）で、海外への技術協力の仕事に携わったことがありました。そこで、日本の専門家や青年海外協力隊員に対する、途上国の人々からの高い評価を見聞《けんぶん》しました。評判の良い理由は、日本の専門家や協力隊員は、自分たちの身になって一緒に考えてくれる、ただ一方的に教えるのではなく、共に考えてくれるということでした。これなどは、日本の感性としての「思いやり」の好例ではないかと思っています。

―「気遣《きづか》い」と「心遣《こころづか》い」―

「気遣い」「心遣い」も「思いやり」の表れです。いずれも、「使」ではなく、「遣」という字が用いられていることがポイントです。すなわち、単に「気」や「心」を使うのではなく、「気」や「心」を相手のところに「差し向ける」「届ける」ことが重要なのです。「気」と「心」を相手のところに差し向けるということで、相手を重んじているわけです。

「気」と「心」は、日本の感性の根幹をなす二つの概念です。「気心が知れる」のように、二つを一括する表現もありますが、「気」と「心」で、若干の使い分けもみられます。「気」が「外」とのつながりを持ち、「外」も含めた状況を指すのに対し、「心」はあくまで「内」にあって、内面に関わるという具合です。いずれにしても、その用法は多岐にわたります。

「気」は、「気がつく」「気がすむ」「気になる」「気が早い」「気が抜ける」「気を紛《まぎ》らす」「気が遠くなる」などです。「心」は、「こころ」と仮名で書く方が感じが出る場合もありますが、「心掛け」「心移り」「心苦しい」「心尽くし」「心にかなう」「心ならずも」など、大和言葉も含め、例示に事欠きません。

「察する文化」は、「気遣い」「心遣い」の文化でもあります。相手への「気遣い」「心遣い」は、そのこと自体、よいことであることは疑いありませんが、人によると、相手を重視するあまり、自らの主体性が失われるという指摘もみられます。外国人から、日本人はもっと主体性を持つべきだとのアドバイスも聞かれます。確かにそういう面もあるとは思います。しかし、相手の身になって相手に合わせるということは、自らの判断で相手を重んじて合わせるわけですから、こちらの方がより高次元の主体性ともいえます。いずれにしても、「思いやり」「気遣い」「心遣い」は、日本の感性の重要な一面です。

―「気配り」と「心配り」―

「気配り」「心配り」は、「気遣い」「心遣い」と比較して、自分の気持ち・自分の判断という面で、主体性の度合いが若干強くなります。また、「気遣い」「心遣い」が特定の人に向けられる場合が多いのに対して、「気配り」「心配り」はより多くの人に対し、あるいは他人一般に対して向けられることも多くみられます。

「気配り」も「心配り」も、相手の人々が満足し、気に入るように「気」を配り、「心」を配るわけで、これも「察する文化」の表れであり、他人と他人の気持ちを重んずる日本の感性の一つです。「気配りの人」「心配りのある人」とは、「配慮の行き届いた人」ということで、前章で述べた「粋《いき》な人」と同義語になります。

余談になりますが、「気配り」と「気配」、また、「心配り」と「心配」は、それぞれ同じ漢字でありながら読み方も違い、意味も全く異なります。これも日本語の難しさと面白さの一例といえましょう。すなわち、「気配」は前章で言及したとおり、日本の美的感覚に関わるものであり、「心配する」と「心を配る」は、次元の全く異なる表現です。

もう一つ、脱線ついでに、「心配り」と相通ずる面のある「心付け」についても言及したいと思います。日本で旅館などに宿泊するとき、到着時に「お世話になります」「よろしくお願いします」という意味を込めて、「心付け」として若干の金銭を旅館の従業員に手渡す習慣があります。この「心付け」が、欧米流の、事後に感謝の意を表す意味で渡す「チップ」tipとよく比較されます。

どちらをとるかは、その折々の状況をふまえたその人の判断で、一概にどちらがよいとはいえないと私は思います。ただし最近は、サービス料（奉仕料）がホテル・旅館、レストランなどで一般化したため、チップも心付けも、以前と比べると少なくなっているようです。

―「もてなし」「おもてなし」―

「もてなし」は、漢字で書くと、「持て成し」になります。もともと、日本に古くからあった言葉で、平安時代にもよく使われていました。「もてなし」は、言葉の感触も大和言葉のような響きで、平仮名で書く方が感じが出ます。

『日本国語大辞典』によれば、「もてなし」の意味として「教養のあること」「身ごなし、ものごし」「人に対する接し方」「ふるまい方」などが挙げられ、それぞれ『源氏物語』の中の用例が引用されています。「饗応」の意味での用例は、もう少し後の時代になってからのものです。

日本全体でもそうですが、京都では特に、「モノ」や「コト」に「お」をつけて、「モノ」を大切にしたり、「コト」を身近に感じるようにする言い方がよくあります。「もてなし」もそのとおりで、京都では、「もてなし」に「お」を付した「おもてなし」が、かなり早い時点から表現として定着していました。

「もてなし」「おもてなし」の基本は、何をもって「もてなす」かです。答えはもちろん、「こころ」です。すなわち、「こころ」をもって「もてなす」のが基本です。「おもてなし」の言葉の由来として、「おもて・うら」がない、すなわち、「おもて、なし」とする説もありますが、その信憑《しんぴょう》性はともかくとして、「おもて・うら」のない「こころ」が基本という点では、相通ずるものがあります。

このように、「もてなし」「おもてなし」はあくまで、もてなす人の「こころ、気持ち」の問題です。人からいわれてもてなすものではなく、打算的な配慮でもてなすものでもありません。「こころ」のこもった「もてなし」、「気持ち」が込められた「もてなし」が重要なのです。

旅人や知人を招いての接遇・歓待・饗応は世界共通です。お国柄、土地柄を活かした趣向もみられますが、基本はやはり、ホスト側の「気持ち」です。日本では平安時代から、接遇の仕方や心構え、饗応の内容についての詳細な記録も残されており、その点で日本は世界有数の「おもてなし」先進国であると私は思っています。

―ほんまもんの「おもてなし」―

この「おもてなし」が、二〇一三年にリオで行われた、二〇二〇年・オリンピック・パラリンピックの東京誘致のプレゼンテーションの際に引用されて、一躍世界の注目を集めました。日本でも流行語になり、その年の流行語大賞にも選ばれました。「お・も・て・な・し」

といった表現を色々なところで耳にするようになりました。地方自治体の中に「おもてなし」課を設けるというところも出てきました。

商売上や営業用のPR文書、宣伝パンフレット、広告・チラシなどにも、「おもてなしの店」とか、「おもてなし大売出し」などという文言をよく見かけますが、「もてなし」が「もてなす」人の「心」を込めた、個別の対応という原点から逸脱した状況が街にあふれているのは残念です。「もてなし」という言葉が一般に浸透したことは歓迎ですが、やはり行き過ぎが是正されて、「もてなし」の基本点、原点に戻ることが望まれます。

このような状況の中で、京都では「ほんまもん」の「おもてなし」をという動きが、有識者、関係者の間で盛り上がっています。まさに京都でずっと定着してきた「おもてなし」に戻れ、ということです。

「おもてなし」は、茶道とは表裏一体の関係といわれています。裏千家の前家元・千玄室大宗匠は、「日本おもてなし学会」の最高顧問もお務めですが、二〇二一年現在、九十八歳になられてもお元気に、「おもてなし」の基本、原点を、声を大にして強調しておられます。

京都には、茶道のほかにも「おもてなし」の達人が数多くおられ、よくお目にかかります。京料理の「ご主人」、料理旅館の「女将《おかみ》」さん、花街・お茶屋の「お母《かあ》さん」「おねえさん芸妓」の方々などです。日頃、これらの方々と親しくお話しすると、これぞ、「ほんまもんのおもてなし」を地でいく方、という感じがひしひしと伝わって、京都の奥の深さを実感します。

―ホスピタリティ、サービスとの対比―

「もてなし」の英訳は、通常「ホスピタリティ」(hospitality)です。逆にホスピタリティの日本語訳も、「もてなし」となっている場合がよくあります。したがって、両者の意味はお互いに近いといえます。因みにホスピタリティは、「ホスト」「ホスピス」などと同系の言葉で、歴史の古い言葉です。

ホスピタリティと似た言葉に、「サービス」(奉仕)があります。サービスも相手に「奉仕する」ということで、「もてなし」に近い言葉です。ホスピタリティもサービスも、その背後にある「気持ち」が重要であるとされています。その点でも、「もてなし」と相通じます。

しかし、「もてなし」とホスピタリティ、サービスとの間には、重要なニュアンスの相違があるというのが私の強調したい点です。ホスピタリティ、サービスの主体は、ホスピタリティ、サービスをする人、与える人です。これに対して、「もてなし」「おもてなし」の主体は、もてなしを受ける人です。もてなしはあくまで相手を「もてなす」ので、主体は相手になります。これが両者の基本的な対照点になるというのが私の持論です。ホスピタリティもサービスも、供与する相手は重要ですが、主体はあくまで自分です。自分の意思と「気持ち」で供与するわけです。「もてなし」の場合は相手が主体ですから、相手が心地よく、気持よく感じ、満足感を持つことが最大の関心事になるわけです。

以心伝心、日本的コミュニケーションの特徴
―「沈黙は金」「不言実行」―

欧米では、「黙っていてはわからない」「いわなければわからない」と、沈黙は一般論として評価されません。それに対して、日本では「沈黙は金、雄弁は銀」として、むしろ口数の少ないのが評価されます。「不言実行」が尊ばれるのも同じ趣旨です。「ものいえば唇寒し」とか、「口は禍《わざわい》のもと」といった表現もあり、また、「いわずもがな」「いわぬが花」など、概して多弁に対して否定的です。

コミュニケーションの仕方、態様《たいよう》についても、日本的コミュニケーションに見られる特徴の多くは東洋に共通しています。したがって、日本的、東洋的コミュニケーションといってもよいのかも知れません。相対的な比較ではありますが、欧米では論理が重んじられるの

に対して、日本、東洋では感性、感覚が重視されます。また、欧米の論法が直接的（to the point）であるのに対して、東洋では遠回し、婉曲の話法が好まれます。この点については、日本は東洋の中でも特に顕著です。これは単に言葉の問題ではなく、国民性に関わるものといえます。

「沈黙は金」「不言実行」などの日本的ないし東洋的コミュニケーションは、もちろん、それなりの意味を持つものですが、国際会議のような場では残念ながら通用しません。発言がなければ記録も残らず、出席者の印象にも残りません。国際会議など、国際場裡では積極的に発言していくことが基本です。饒舌《じょうぜつ》である必要はありませんが、どんどん自分の考えを、大勢の出席者の前で説得力をもって述べていくことが、必要最小限の前提です。

コミュニケーションの基本は相互理解です。相互理解のために、日本的、東洋的コミュニケーションについての理解を深めることも重要ですが、それには限界があります。婉曲話法も、聞いている何人かの人がそれと理解しなければ成立しません。私は、日本的、東洋的コミュニケーションの伝統が維持されることを望みますが、国際会議などの国際場裡では「手段」として割り切って、欧米流コミュニケーションのやり方に積極的に参加し、自らの考えをどんどん発言していくことが、日本にとっての緊急な重要課題であると思っています。よしあしの議論ではなく、必要な「手段」として割り切ることが肝要と思います。

―「以心伝心」、「不立文字《ふりゅうもんじ》」「阿吽《あうん》の呼吸」―

日本的、東洋的コミュニケーションの特色の一つは、文字・言葉に依存しない、頼らないということです。「以心伝心」は仏教用語で、「言葉や文字によらず、心から心へ教えを伝える」ことです。まさに「心をもって」「心を伝える」というわけです。同じく仏教用語で「不立文字」は、「道を悟るには、書物を通してではなく、心で直接体験しなければならない」の意味です。いずれも、重要なことは書物とか言葉からは得られない点を強調したものです。このうち「以心伝心」は、「心が通じ合う」ということで、日常会話でもよく使われます。

京都では、京の匠《たくみ》の世界で、秘伝の技が修業や体験を通じて、十世代、二十世代にわたって継承・伝承されている実例によく出会います。和食の世界でも、秘伝の味が同じように、何世代にもわたって継承されています。和服の「織り」「染め」についても同様です。マニュアルやレシピによる伝承ではなく、まさに、心から心へ、「以心伝心」の伝承です。これらはいずれも、日本的、東洋的コミュニケーションの好例といえましょう。なお、「口伝」による継承は書きものによる継承ほど固定的ではありません。時代の推移によって変わることもあります。これも私には、日本の感性の一つの知恵であるように思われます。

「阿吽の呼吸」も、日本的、東洋的コミュニケーションの一例です。「阿」は、息を吐くこと、「吽」は、息を吸うことです。息を吐くのと吸うのが、相手との関係で一体になる、これが「阿吽の呼吸」です。「阿吽の呼吸」が成立するためには、相手との信頼関係、心と心が通ずる関係が必要です。

相撲の立ち合いも、「阿吽の呼吸」に極めて近いものがあります。制限時間いっぱいの合図は行司がしますが、そのあとの立ち合いは「阿吽の呼吸」です。時折、立ち合いに「待った」がかかりますが、やはり「阿吽の呼吸」の立ち合い、これが相撲の醍醐味です。

日本の感性としての「和の文化」

―「和」と日本・日本人―

これまでとり上げた日本の感性は、「美的感覚」と「思いやり（察する）」で、ともに人間の感情に関わるものでした。これに対して、「和（WA）」は前記二者と比べると一段と幅の広い、「文化」のジャンルに関わるものです。しかし、この「和」（WA）も、日本人の性格、習性、感覚に深く結びついていることから、「日本の感性」としてとり上げることにしました。

この「和」(WA)は、後述するように歴史が古く、長きにわたって、日本人と日本社会に密着し現在に至っています。その意味で、日本・日本人と切っても切れない結びつきを有しており、また日本のおかれた国情とも密接に関連しています。

さらにこの「和」は、日本人の「こころ」(KOKORO)とも密接に結びつきます。あるいは、日本人の「こころ」(KOKORO)の根底には、「和」(WA)があると位置づけてよいのかも知れません。ここで、「和」と「こころ」にそれぞれ「WA」「KOKORO」とローマ字を付記したのは、この二つの言葉が世界の人々によってできるだけそのまま使われ、多くの外国人がわかるようになってほしいとの思いからです。

「和」は色々な意味を持ち、その用法も多岐にわたります。日本のことを「和」という場合があります。「和洋折衷《わようせっちゅう》」「和製」「和歌」などがその例です。したがって、「和の文化」とは「日本の文化」という意味にもなりますが、ここでは「和」を「日本」という意味には捉えずに、「和」の実質的意味を強調したいと思います。

―「和の文化」とその背景―

「和」の歴史的背景に入る前に、「日本」の国の名称について一言、言及します。日本は英語でJapanです。Japanはジパングから来た言葉で「日本」のほかに、「漆」「漆器」を意味します。因みに中国は英語でChinaですが、こちらは「陶器」の意味です。日本の「漆器」も、中国の「陶器」も、古くからヨーロッパで珍重されていたのでそう名付けられたのでしょう。

「日本」は、「にっぽん」「にほん」と、二つの読み方があります。正式な読み方は、「にっぽん」Nipponのようですが、「日本語」は、「にほん」語になります。語源的には、「日の本」、すなわち「日出ずる国」に由来し、その点「オリエント」と語源的に同意語になります。

中国では、日本は「倭《わ》」といわれていました。文献にも数多く残っています。「倭」は、日本では訓読みで「やまと」と読んでいました。それが八世紀半ば頃になると、「倭」を「大和」と書き改め、読み方はそのまま「やまと」としました。これが日本を指すのに「和」が使われるようになった経緯です。

「和」は、古くから日本で使われていた言葉ですが、この「和」を一躍有名にしたのが、聖徳太子の十七条憲法です。十七条憲法の冒頭の第一条に、「和をもって尊しとなす」と書かれています。因みに第二条は仏教の関連、第三条と四条は儒教の関連で、日本古来の言葉である「和」がまず最初に掲げられたのは注目に値します。この「和」はそれ以降も、日本の政治・経済・社会、文化のあらゆる面で、日本の諸制度、日本人の考え方の根底に関わり、現在に至っています。

―「和」の多彩な意味―

「和」は、訓読みでも、「和《なご》む」「和《やわ》らぐ」「和《わ》する」「和《あ》える」と、読み方が多彩です。意味も「おだやかになる」「親しくなる」「合わせる」「まぜる」と多岐にわたります。音読みの「和《わ》」も、前節で述べた「日本」の意味のほかにも、多数の意味、熟語があります。

主な意味としては、「おだやか」「穏和」「温和」の系統、「ものごとがよく整っている」「つり合いがとれている」の系統、「仲の良い」「争いのない」の系統があります。それぞれにつき具体例を挙げると、第一の系統は「和気」、第二の系統は「調和」、そして、その「調和」を一歩進めて「融和」、第三の系統は「平和」「和平」「和解」などです。

このように、「和」の意味は幅広く様々です。「和」が達成されていない状態を「違和感」といいますが、これなどは逆に、「和」が幅広い意味を持ち、日常の生活とも密接に関わっていることを示す例といえましょう。

この他にも、「和」は足し算の合計を意味したり、「和尚《おしょう》さん」のように全く想像できないような言葉にも使われています。ということで、外国人に「和」を説明するのは難しいことです。以下、「和」の中から、「調和」の「和」、「融和」の「和」、「平和」の「和」の三つをとり上げて、それぞれにつき説明していきます。

―「調和」の「和」―

「和」を英語で表現するのに、まず思いつくのはharmonyです。harmonyは「つりあいがとれていること」「バランスがとれていること」で、「調和」の「和」と、まさに、同じ意味です。「調和」もharmonyも、同質のもの、似ているものの間でのつり合いを意味することもありますが、多くは異なるもの、違ったものの間で、つり合いがとれている場合です。

また「調和」は、「モノ」や事象にもあてはまりますが、ここでは「和」を人間関係、人間社会の関係として捉えます。ただし人間関係、人間社会の関係の「調和」が、「モノ」や事象の「調和」とも密接に関わるのは無論のことです。

この「調和」の「和」は、身近な集まりでも重要ですし、さらに広範囲の様々な集団、組織でも重要です。日本以外の国々でも、「調和」の「和」、すなわちharmonyの重要性はよく指摘されます。

しかし日本では、聖徳太子の十七条憲法もあって、「調和」の「和」が特に重要視されているというのが私の印象です。

国際社会となると、構成要素の異質性が大きく、「調和」は一段と難しくなります。しかし一方では、国際社会そのものが、それぞれの分野で緊密化の度合いが進んできており、それだけに、「調和」の「和」の重要性がますます高まってきているのが現状です。

現実の世界に目を転ずると、色々な分野で深刻な対立や問題が山積しています。これを如何にしてうまく「調和」し、全体として「調和」の「和」に高めていくか、これが当面の世界の重要課題です。そこに「調和」の「和」を重視する日本の「出番」があるのではないか、というのが私の問題提起です。

これまで長い間培《つちか》ってきた「和の文化」の伝統と経験を活かしながら、国際社会で、あるいは国際会議において日本が率先して、国際的な「調和」の「和」の実現に貢献していくことが期待されます。

―「融和」の「和」―

「融和」の「融」は、「融ける」です。複数のものが「融け合い」「混ざり合って」、一つの「和」に収斂《しゅうれん》することが「融和」です。「調和」が、異なるものがうまく共存する状態を意味するのに対して、「融和」は異質性が捨象《しゃしょう》されて、異なるものが一つにまとまる状態を意味します。

つまり、「調和」よりは一段と進んだ状態です。

「融和」の英訳としてはintegration, fusion, reconciliationが挙げられますが、どれも「調和」とharmonyのようにぴったりするものが見当たりません。しいていえば「歩み寄って融和する」ということで、reconciliationが比較的近い意味といえそうです。

「融和」は、「調和」よりも一段と進んだものであるだけに、「融和」の成立は、「調和」の成立と比べてさらに困難です。特に国際関係ではそういえます。「融和」の成立には、その前提として関係者や当事者の間で、信頼関係が成立していなければなりません。この信頼関係の醸成という視点で、一言「文明間の対話」に触れたいと思います。

国連は二十一世紀を文明間の対話の世紀と位置付け、二〇〇一年を「国連文明間の対話年」と定めました。当時、国立京都国際会館の館長を務めていた私は、日本がこれに積極的姿勢を示すべきであると考え、旧知のユネスコの松浦晃一郎事務局長と国連大学のヒンケル学長とに連絡をとり、京都と東京で国連大学主催・ユネスコ協力による「文明間の対話」に関する国際シンポジウムの開催を実現しました。このシンポジウムは、カトリック、プロテスタントのキリスト教・イスラム教・仏教・神道から多数の参加者を得て、国際的に非常に高く評価されました。

「文明」については、「融合」は期待できないので、「対話」と「相互理解」の促進になります。

「文化」についても、「異文化交流」「異文化理解」が重要です。日本はこれまで在住外国人が少なく、「異文化交流」「異文化理解」を身近に体験する機会が少なかったこともあり、今後は「文明間の対話」に加えて、異文化に開かれた社会を目指し、「異文化交流」「異文化理解」を積極的に推進していくことが望まれます。

―「平和」の「和」―

次は、「平和」の「和」です。「平和」には三つの側面があります。第一は争いのないこと、戦争のないこと、すなわち「平和」が保たれている状態です。次は戦争も含め、争いを平和的に解決することです。第三は争いのない状態、「平和」を構築することです。

日本人は伝統的に争いを好まず、争いがあっても円満に解決しようとする性向が強いとされています。裁判が少なく、調停、和解が多いのもその一例です。裁判に関して、執行猶予や情状酌量が多いのも特徴の一つです。江戸時代の名裁判としてよく引用される「大岡裁き」は、当事者の事情や状況をバランスよく考慮する裁定として高く評価されています。

この点は、英国などでいわれる「衡平《こうへい》」equityと相通ずるものがあり、興味のあるところです。同じ「平和的解決」であっても、討議を通じての「勝ち負け」より、当事者全員が納得する衡平な解決の方が好まれるのも理解できます。また「衡平」は「平等」と違い、「平等」より公正・公平である場合も多いと思います。

現在の国際社会は、主権国家から構成されており、国内にあるような裁判の仕組みは存在しません。したがって国際平和は国家間の話し合いによって確保されなければなりません。国連のような国際組織もありますが、現状ではその機能発揮に限界があります。国際テロのような新たな脅威に対しても、基本的には国家間の協力、連携によって対応しなければならないのが現状です。

「平和」の「和」は現在の国際社会、国際関係において極めて重要です。伝統的に「和」を大切にしてきた日本がこれから先、国際平和の構築と維持に積極的に貢献し、積極的な役割を果たしていく、これがこれからの使命であると思います。

―日常生活と「和」―

「和」は日本人の日常生活と密接に結びついています。まさに、聖徳太子の十七条憲法が現在に至っても生きているわけです。衣・食・住において「和服」「和食」「和室」という言葉があるのは、「日本の」衣・食・住という言葉の意味だけでなく、それぞれ「和」との密接な結びつきがあるからだと思います。

和服は、女性でも男性でも、着物と帯、羽織・袴《はかま》という基本的な「形」が決まっている中で、トータルコーディネーション、すなわち、「調和」のお洒落が重要になります。和食も、「和み《なご》」の食事という点に加えて、栄養的にバランスのよい健康食です。和室は自然との結びつきを重視し、「だんらん」の場としても適しています。

茶道でも華道でも、「和」は重要なコンセプトです。伝統芸術や伝統芸能の世界でも同様です。日本の建築や庭の設計も、シンメトリック（均斉）でなくとも、全体としての「和」は、最も大切な留意点とされています。

さきにとり上げた「調和」の「和」は、日常生活の全ての面に関わっていますし、「融和」の「和」も、日々の生活、日々の人間関係など、身近な人間社会では特に重要な意味合いを持ちます。争いのない生活を保ち、争いを円満に解決するという「平和」の「和」も大切です。「和」を実現・確保する上で、衡平、公平、公正という視点も大事です。このように、「和」「和の文化」は、日本のあらゆる分野、側面において、重要な意味合いを持つものです。

―「円《まる》く（丸く）収める」「角《かど》が立つ」―

「和の文化」が、日本のあらゆる面で重要な意味合いを持つにもかかわらず、この「和の文化」「和」について、日本の中で一部の有識者から批判的な意見が出ていることも事実です。「和の文化」が「和」を優先するあまり、本質的な内容についての議論よりも、当事者の合意を如何にして得るかが先行・優先する傾向があるという点からの批判です。

この点に関連して、日本には面白い言い回しがあります。それは、「円く（丸く）収める」「角が立つ」という表現です。前者は「話し合いでものごとを円満に解決する」、後者は「ものごとがとげとげしくおだやかでなくなる」の意味で、前者が良く、後者は望ましくないわけです。これについても、「円く（丸く）収める」には、妥協に走りやすい、八方美人になりやすいとの批判がみられます。

確かに、「円く（丸く）収める」「和の重視」には、このような批判があてはまることも、十分あり得ます。ただ、それによって、「和の重視」を過小評価するのは本末転倒であるというのが私の考えです。「和」とか「和の文化」は、もっと深い次元の話として位置づけるべきです。安易に妥協に走ったり、結果が得られれば内容はどうでもよいというのではなく、「和」

「和の文化」をポジティブに捉えていくというアプローチが重要であると考えます。

また、「円い(丸い)」すなわち、「曲線」の方が、「直線」よりもよいとの考え方も日本では一般的です。西洋のバレエが直線的な動きでダイナミックなのに対し、日本舞踊では流れとしての曲線美が強調されます。

―「和」「和の文化」を国際場裡に―

日本の伝統であり、日本人の生活に密着している「和の文化」が世界に発信され、世界に通用する言葉とならないか、これが本章で問題提起したい点です。具体的には、「調和」の「和」WA―harmony、「融和」の「和」WA―reconciliation、「平和」の「和」WA―peaceの三つの言葉です。

複雑な国際関係をうまく調整し、バランスをとって「調和」していくことは、困難ではありますが、国際社会の最重要課題です。「融和」も「一つにとけ合って仲が良くなること」は至難ですが、それに向けての信頼関係の醸成、友好関係の促進が重要です。「平和」の「和」が重要なのは論《ろん》を俟《ま》ちません。

「和」は、日本ではあらゆる分野で根強く定着している大切な言葉です。しかも同時に、国際社会でも重要な意味合いを持つ言葉です。したがって、この「和」という言葉を世界で共有することを、日本が提唱してはどうかと思っています。すなわち、「和」を国際語にして世界の人々が「和でいこう」とか「ここは和で」とかいう具合です。

第五章

日本の感性と衣・食・住

日本の衣・食・住は、「日本の感性」と密接に結びついています。「日本の感性」の表れといってもよいかも知れません。各国と比較しても、ユニークな点が数多く、世界に発信したい点も少なくありません。本章では、日本の衣・食・住について、「日本の感性」と結びつき、世界に発信したい点を中心に説明したいと思います。

類のない凝った衣裳―和服そのI

―洋服と和服（着物）―

衣・食・住のうち、「衣」のみは、人間に特有の必需品です。人間には寒さをしのぎ身体を保護するための「衣」が必要です。また人間は、羞恥心から身体を隠します。これも「衣」の起源といわれています。その後、次第に「衣」は身体を「装い」「飾る」ものという点が前面に出てきました。身なりとかお洒落に関心と興味を持つようになりました。更に、人間が活動しやすい、生活しやすい衣裳であることも重要になり、服装によって職業や社会的身分、出身などがわかるようにもなりました。

このようにして「衣」は、世界各国、各地域でその土地の事情や背景に適合しながら、様々な発展をとげ、人々の生活や活動に資するようになったのです。その中で現在、最も一般的で世界に普及しているのが「洋服」、すなわち欧米に由来する服装です。

それに対して「和服」は、古代から平安、鎌倉、室町、江戸と、時代の変遷を重ねてきた日本の伝統衣裳です。それが近代になって、明治四年（一八七一）に断髪令が出され、明治中頃の鹿鳴館《ろくめいかん》時代になると、日本の「衣」は大きく転換します。すなわち、洋服が多数派になり、和服が少数派になりました。特に男性の衣裳の変化は顕著でした。

日本の場合、その転換は近代化の比較的早い時点で、しかも短期間のうちにおこなわれたというのが私の印象です。日本以外の地域や国でも、洋服が普及したところは数多くみられますが、それでも従来からの民族衣裳は存続し、それに対する愛着は強いようです。和服には良いところ、素晴らしいところが多々あるのですから、まず日本人の間で和服への愛着が深まり、着用が増え、世界でも和服への関心が広まればと思っています。

現在の和服は、通常「着物」といわれています。着物とは「着るもの」で、衣裳全体を意味することもありますが、KIMONOが今や海外でも知られていますので、ここでは現在日本で着用されている和服を「着物」と称し、その特徴や利点について触れていきます。

—類のない凝《こ》った衣裳—

京都では、「十二単《じゅうにひとえ》」の着付けショーなどをよくみかけます。十二単衣とは、平安時代の公家《くげ》女子の衣裳の通称で、通常、白小袖、紅袴、単衣《ひとえ》の衿《えり》に袿《うちぎ》五枚と打衣《うちぎぬ》を重ね、その上に唐衣《からぎぬ》を着て、袴の背の腰に裳《も》をつけるという、まさに日本の「衣」の見せ所です。

現在の着物はそれほどではありませんが、肌襦袢《はだじゅばん》、長襦袢《ながじゅばん》、それに着物をそれぞれ、色とりどりの腰紐、伊達締め《だてじ》で締め、その上に帯を結んで、帯揚げ、帯板、帯枕、帯締めで固定するという、世界の他の衣裳と比べて実に凝った衣裳です。下着である長襦袢に着用のつど衿を縫い付けたり、その衿に芯を通すなど、細かいところまで凝った趣向や工夫が随所にみられます。

帯は通常、幅が三十センチ余り、長さは約三・五メートルのものや約四・五メートルのものがあるようですが、その長くて幅のある帯を胴回りに捲《ま》きつけ固定するわけですから、着用は容易ではありません。慣れていないと一時間近くかかることもあります。一人で着物を着られない人も数多く、着付けを習う学校や講習があることも日本独持の現象です。

衣裳は季節によって変わります。洋服にも夏服、冬服、合服《あいふく》がありますが、着物の場合は、その区別がより明確です。夏の着物が七月と八月、単衣《ひとえ》が六月と九月、袷《あわせ》が十月～五月までで、衣替えの習慣も定着しています。

夏の着物は、絽《ろ》や紗《しゃ》が一般的ですが、麻もよく使われます。単衣と袷の差は生地の厚さもありますが、基本的には裏地がつくかどうかの違いです。同じ単衣といっても六月と九月では模様や柄が変わります。袷の着物でも季節がさらに細分化され、それに合う着物が選ばれます。

季節に加え、TPO（若干意訳になりますが、ここでは、機会・場・状況と訳しておきます）によって着る着物が変わることも着物の特徴です。外出着でも、黒留袖《とめそで》、色留袖、訪問着、色無地、小紋、御召《おめし》など多くの種類があります。通常はもちろん、全ての種類を揃えておくわけではなく、手持ちの中からTPOに応じて選ぶわけです。

着物についての特記事項の一つに、家紋のついた着物、すなわち「紋付き」があります。ヨーロッパなどで、ファミリー・クレスト（家紋）をデザインの一部に取り入れることはあるようですが、紋付きのように家紋を入れる箇所が決められていて、しかも紋の数が一つ紋、三つ紋、五つ紋と、フォーマルの度合いに応じて決まるのは日本以外にないといってよいでしょう。

その他、話題になる種類としては、未婚女性の着る振袖《ふりそで》があります。振袖《ふりそで》の袂《たもと》の長さは、一メートル余りのものが多く、外国人も含め、着物の美しさとして振袖を挙げる人は少なくありません。

欧米にもドレス・コードがあって、例えば招待状にホワイト・タイ、ブラック・タイ、ラウンジ・スーツなど、男性の服装指定があると女性の服装もそれに対応して決まりますが、日本のTPOによる着物の選択肢は、欧米よりもはるかに多彩です。

――生地、染めと織り、色と柄――

着物の素材（生地《きじ》）も多様です。絹と木綿が代表的ですが、ウール、麻などもあります。また、ポリエステルなどの合成・化学繊維の着物も一般的です。通常、着物には洋服の三倍ほどの布地が必要とされ、帯にも胴回りの数倍が使われます。

着物は、染めの着物と織りの着物に大別され、染めがフォーマル、織りがお洒落着です。染めの着物には、友禅染め、絞り染めなどがあり、織りの着物では紬《つむぎ》が代表的ですが、絣《かすり》や御召も織りになります。帯にも染めと織りがあり、織りがフォーマル、染めがお洒落着です。したがって着物と帯の組み合わせも、染めと織りとで四通りあり、一番フォーマルなのが染めの着物と織りの帯になります。

洋服と違って、着物も帯も基本的なデザイン（仕様）が一定ですので、お洒落とか個性の出し方は色と柄、模様の組み合わせ次第になります。色は日本の染色技術が伝統的に素晴らしく、藍染め、草木染めなど、自然染料が今なお活用されています。日本人は色に対するこだわりが強く、着物についてもそれがいえます。色のぼかし、グラデーションなどの味わいも着物の美しさの一つです。

柄には、小紋に代表される細かい文様と大柄な絵模様があります。小柄文様は、格子縞・唐草模様・絞り紋様など古典的なものを含め多種多様です。大柄紋様には、花や鳥、自然風景など、一幅の絵を思わせるような柄が多く、絵模様が平面にそのまま出て、柄が崩れることがないことが、衣裳としての着物の美しさの特徴の一つになっています。

また、着物や帯には、織りや染めだけでなく繡《ぬい》もあります。このように、織り・染め・刺繡・色など、多岐にわたる組み合わせが着物の大きな魅力です。また日本各地で特色のある布地や着物がその土地の名を付けて生産されていることも特記事項です。

―男性の着物の勧め―

これまでは、主として女性の着物を念頭に置いての説明でしたが、男性の着物にも興味深い点が多々あります。家庭でのくつろぎ着として、着物は着心地がよく、リラックスできるという男性は数多く、着物は畳の上の生活に適しています。

外出着としても、フォーマルな外出の場合、女性の着物とは違い、男性は袴の着用が一般的です。袴は落ち着きもよく、着物ともよく合います。男性の羽織袴の着物姿は、均斉がとれていて見映えもよく、世界でもユニークな、ベスト・ドレスの一つといってもよいと私は思っています。

同時に、袴をつけない、いわゆる「着流し」も粋な雰囲気でお勧めです。帯は男性の場合、幅が十センチくらいの角帯が通常ですが、家庭着などカジュアルな折には、ちりめんなどの絞り染めの兵児帯《へこおび》になります。

一般論として、男性の着物は、女性の着物と比べ、地味な感じのものが多いようです。しかし、地味な羽織に派手で目立つ柄や絵の裏地を付け、羽織を脱ぐときにそれがちらりと見える、そういう控え目で粋なお洒落もあります。これなどは、きわめて日本的なお洒落の例といってよいでしょう。

誠にささやかですが、一言、私自身の着物体験に触れさせていただきます。小学校低学年の頃、両親が謡曲を習っていて、子方の役を着物姿でつとめたのが最初の思い出です。中学、高校、大学にかけて、鎌倉の円覚寺へ座禅を組みに出かけるようになり、絣《かすり》の着物、書生袴、高下駄で、横浜の自宅から電車で通いました。その着物と袴を英国留学中に何回か着用したのを覚えています。

その後暫く、着物との縁は中断しましたが、十数年前から京都に住み、和服への関心が高まりました。京都では時折《ときおり》、着流しで出かけたり、最近は初釜の茶席などに紋付袴で出席するようになりました。着物を着用してみると、気持ちが落ち着き、姿勢もよくなります。着心地もよく、気も引き締まるというのが、限られた体験を通しての私自身の着物についての感想です。

着物の融通性、身ごなしの美しさ—和服そのII

—着物の融通性—

衣裳の着用の仕方には、「捲《ま》く」「被《かぶ》る」「穿《は》く」「前合わせ」などがあります。着物は「前合わせ」型になりますが、何枚かの肌着や襦袢をそれぞれ紐で締め重ね、そのうえに着物と帯を着用するというユニークな服装です。着物も帯も日本独特のもので、世界に類をみない衣裳です。

前合わせで身体にぴったり合わせる衣裳でありながら、同時に着る人の身体に合わせて身《み》丈《たけ》や胴回りなどを調整できる「融通性」を併せ持つのが着物の特色です。すなわち、身丈については、お端折《はしょ》りといって着物をたくし上げ、紐で固定して長さを調節し、胴回りについては前合わせの重なる部分で調整して、身長や体型の異なる人も着用できる「融通性」が確保されます。これが着物の大きな利点です。

さらに着物には、洋服のようなファッション性や流行性がなく、その意味でも長期的に着用できます。両親や祖父母から着物を引き継いで、世代を超えて着用することもごく一般的です。また、着物は布地を直線的に裁ち縫って仕立てますので、仕立て直しが比較的容易なことも更なる利点といえます。

―身ごなしの美しさを強調する衣裳―

着物は、姿勢と動作の美しさを強調し、美しい身ごなしを保証する衣裳です。多くの外国人が着物に魅了されるのも、この点にあると思われます。

洋服は、デザインの段階では細かくサイズを計り、身体に合わせて仕立てますが、出来上がると、ドレスの中に身体を入れるという感じです。これに対して着物は、身体にぴったり合わせて捲きつけます。その点で、インドのサリーなどに似ています。着物の特徴は帯にあるといってよく、帯によって背筋が伸び、姿勢が真っ直ぐになって、姿が美しくなります。それが帯の効用で、コルセットが身体を締め付けて体型を抑えるのと対照的です。

一般に、西洋が「立つ」文化であるのに対して、東洋は「座る」文化といわれます。同じ「座る」文化でも、椅子に座るのと、畳に座るのとでは違います。特に正座は日本独自の座り方で、隣国の中国や韓国の座り方とも違います。慣れないと足が痺《しび》れ、足腰が痛くなりますが、正座は身体工学の視点からも良い座り方といわれており、健康にも良く、何よりもまず、着物を着ての正座は見た目に美しいのがポイントです。

身体の動かし方も、着物を着ていると曲線的、連続的な動きになります。歩き方も、小幅な足取りで、爪先に重心が置かれ、やや摺《す》り足気味に歩くという、淑《しと》やかで落ち着いた歩みとなります。立ち居振る舞い、すなわち、立ち上がったり座ったりお辞儀をしたり、履物を脱いで家に上がったりする所作、階段の上がり下がり、自動車の乗り降りに至るまで、和の作法にかなった着物姿での動作は、誠に美しいものです。

着物だと自然にそういう動作になるのか、あるいは着物を着るとそういう動作をしようとする気持ちになるのかはともかくとして、着物には身ごなし、立ち居振る舞いを美しくする効果があります。

―着物のトータル・ファッション―

和装は、髪型から足袋・履物に至るまで、トータル・ファッションが重要で、隅々にまで気配りが求められます。最近は、付け帯のようにすでに結んである帯もありますが、基本となるのはやはり自分で結ぶ帯です。足袋《たび》と草履・下駄は、親指とそれ以外の指が分かれて履く、世界でもユニークな履物で、足の指に重心がかかり、安定度が増すといわれています。足袋についている小鉤《こはぜ》なども、外国人が感心する芸の細かさの一例です。

着物・帯・羽織・コートはもちろん、帯締め・帯揚げ・帯留めなどのいわゆる小物、簪《かんざし》・櫛などの装飾品、バッグ・扇子・傘などの携行品、髪型やお化粧もコーディネーションの対象です。半衿や伊達衿、羽織の紐、鼻緒、それに着物の袖に入れる匂い袋なども、さりげないお洒落のポイントです。和装としての着物は、身につけるものの大枠のパターンが決まっているだけに、着物と帯の組み合わせや、髪型、小物、装飾・携行品などの選択、すなわちトータル・コーディネーションがより重要になるといえます。

着付けの仕方によって感じや雰囲気が変わることも着物の特徴です。衿足を広めにとると粋な感じになり、狭く詰め気味にすると落ち着くというわけです。帯や着物・羽織の紐も、結び方で若向きになったり、年配風になったりします。すなわち、色や柄だけでなく、着物の着方で雰囲気が変わり、好みや個性が出たりするのです。

このように、着る人の個性、趣味・趣向、TPOへの合わせ方によって、トータル・ファッションが変わってくる、逆にいうと、着物の着用の仕方や組み合わせによって、着る人の個性や趣向を出す、これが着物の魅力であり醍醐味なのです。

細部にわたる、さりげないこだわりが日本文化の一つの特徴ですが、これがまさに着物にあてはまり、着物の持ち味であるといえます。また着物には、「折り目正しく」とか「衿を正す」といった表現があり、きちんと正しく着物を着用することも、トータル・ファッションの一つに位置づけられます。

―着物、これからの課題―

以上、着物に関わるいくつかの側面をとり上げ説明しましたが、着物は日常の外出着・家庭着・仕事着であると同時に、茶道・華道・香道・能・歌舞伎・日本舞踊などの日本の代表的な文化とも密接に関連し、その際に着用される衣裳でもあります。更に着物自体が日本文化の一つの象徴的な表現といってよいと思われます。

従来はともすると、着物はフジヤマ、ゲイシャと並ぶエキゾチシズムの象徴で、興味本位に捉えられる傾向がありました。これは残念なことです。また外国人の中には、浴衣《ゆかた》を着物と思って、浴衣姿でパーティなどに出席する人もいます。さらに最近京都では、観光で来られる外国人がレンタル着物で街の中を歩く姿をよく見かけます。

着物を着る外国人が増えることはもちろん大歓迎ですが、着物についての正しい知識が広まり、これからは伝統衣裳としての着物の特色や魅力について、より多くの外国人に興味と関心を持ってほしいと思います。日本と日本文化に対する関心を高めるうえで、着物の役割は大きいと思うからです。

それには、日本人がまず着物について関心と興味を持ち、理解を深めることが肝要です。とりわけ若い人たちの理解が必要です。理解だけでなく、実際に着物を着用する人が増え、着用の機会が増えることを望みます。特に、外国人が多く出席する集まりなどには、日本のナショナル・コスチュームとして、着物の着用が一般的になることを期待したいと思います。

最近、着物や帯の生地を使ってドレスに仕立てたり、ドレスの一部に着物の布地を取り入れたりして、それを海外に紹介する人が出てきました。着物を世界に発信するとの視点で、これは嬉しいことです。実際に、織り・染め・色・柄など、ドレスの生地としても見映えするものが多く、その可能性は小さくないと思われます。

和食が世界無形文化遺産に。素材を活かす調理—和食そのI

—グルメの国・日本—

日本は、世界有数のグルメの国です。米・魚・野菜・豆類・海藻・果物を中心とする古来の和食が、今なお日本人の食の基本になっています。米食だけでなく、うどん・蕎麦などの麺類も一般的です。さらに和食の中には京料理など、その土地の名前のついた料理も多数見受けられます。比較的狭い国土で、日本ほど多岐にわたる名物郷土料理がある国も珍しいのではないでしょうか。

同時に中国、フランス、イタリアなどの各国料理・エスニック料理も多様です。また国籍などにこだわらない創作料理店も数多く、食の多彩性は世界屈指といえます。しかもそのレベルの高さは定評があります。一例を挙げると、最近の『ミシュランガイド東京』では、五十あまりのフレンチ・レストランに星がつき、その大部分が日本人シェフの店です。

また、元来は外国料理であったものが、日本に入ってくると日本化されるのも日本の食の特徴です。カレーライス、オムライス、トンカツ、アンパンなど、その例は限りがありません。ラーメンも今や日本の食となりました。和食に対して「洋食」という言葉がありますが、その中には日本化され、むしろ和食に分類した方がよいものも少なくありません。

家で、あるいは外食やテイクアウトでいただく日常食も、「おふくろの味」といわれる惣菜料理、どんぶり物、お茶漬け、おにぎり、のり巻などなど多種多様です。最近外国人の間で評判になっている弁当も、多彩な折詰弁当や各地様々の「駅弁」など、食にこだわる日本ならではの現象です。

食に対する関心が高く、かつ食の種類が多様なだけに競争も激しく、食の質がどんどん向上していきます。その意味で日本は世界有数のグルメの国です。そのグルメの国の食である和食が、食として世界の注目を集めることは当然のことです。

―和食が世界無形文化遺産に―

二〇〇二年三月、京都で、第三十回世界司厨士協会連盟世界会議が開催されました。これは、二年毎に世界の一流シェフやホテル・レストランの調理責任者が一堂に会する会議で、アジアでは初めての世界会議でした。当時、国立京都国際会館の館長を務めていた私は、日本司厨士協会と連携しながら鋭意、誘致に努めました。京都こそ開催にふさわしい場所と考えたからです。

短い五日間の会議でしたが、約五十ヵ国からの参加者は、例外なく日本の食と食文化に大きな関心を示し、和食や和菓子の視察や体験に励んでいました。会期中、五百人余りの各国シェフが、白いシェフ・コート姿で京都市内をパレードしたのが今なお印象に残っています。

この会議が一つの契機となって、京都の和食の老舗を継ぐ若い人たちの間で、海外との交流推進の気運が盛り上がりました。そして二〇〇四年、京都国際会館で、NPO法人「日本料理アカデミー」が発足しました。活動として、まずはグルメの国・フランスから若いシェフが京都に勉強に来たり、京都からフランスへ和食の指導に出かけたりすることになりました。

通常、日仏交流というと、フランスから日本へという構図になりがちですが、この場合は、フランスの若いシェフが日本とフランスで日本の料理を研修するという、日本からフランスへの流れが主体でした。その後、交流はフランスだけでなく、米国・英国・スペインなどの欧米諸国及びロシア・ブラジル・タイなどとの間でも行われました。このような海外との和食交流が盛り上がるなかで、和食を世界無形文化遺産にという動きが高まったわけです。

ユネスコは、従来からの世界遺産に加えて、二〇〇三年、世界無形文化遺産の制度を創設しました。二〇一〇年にはイタリア・スペイン・ギリシャ・モロッコの地中海四ヵ国、フランス・メキシコの「食」が、食に関わる無形遺産として初めて認定を受けました。

その前後から、京都を中心に、和食を無形文化遺産にという動きが具体化して盛り上がり、翌年、「日本人の伝統的な食文化―正月を例として」とのタイトルで日本政府から申請が提出され、二〇一三年に和食が世界無形文化遺産に認定されました。

当初の申請対象としては、京都の懐石料理などが想定されていましたが、食の対象が一部の人に限定されるのではなく、より幅の広いものにする方がよいとの示唆があり、正月の例示が加わり、栄養バランスの良い健康的な食事構成という点が、併せて強調されることになったと仄聞《そくぶん》しています。かねてから、懐石料理などの食文化に思いをはせていた私は、ちょっと残念な気もしましたが、今では結果的にそれでよかったと思っています。

この世界無形文化遺産認定を受けて、世界の和食への関心は大きく高まりました。各国のテレビ・雑誌などでも頻繁にとり上げられるようになりました。二〇一五年、ミラノで開催された「食」をテーマにした国際博覧会では、日本館の人気が一番高く、連日長蛇の列が続いたとのことです。和食が世界に広がり、和食が世界の食や調理に影響を与え、和食を通して、日本や日本人に対する理解が深まる、これは誠に嬉しく素晴らしいことです。

―素材を活かす調理―

日本は、気候が温暖で、農耕が早くから発達し、海に囲まれ海産物も豊富で、当初より食に恵まれていました。食の調理も早くから発達し今日まで続いてきました。このような恵まれた状況の中で、日本人は早くから食に対する関心が高く、食に対する自信と誇りを持ち続けてきました。政府関係機関が最近実施したアンケート調査※によれば、日本人の九割以上が和食を誇りに思い、和食について世界に発信したい項目として、八項目が挙げられています。

これを多い順に列挙すると、㊀旬《しゅん》、季節感の重視　㊁寿司、天ぷらなどの日本料理　㊂出《だ》汁《し》の活用、素材の活かし方　㊃醤油、味噌などの発酵調味料　㊄盛り付け、彩《いろど》りの美しさ　㊅「いただきます」、「ご馳走さま」などに示される食に対する感情　㊆食器　調度品、和室などの空間の演出　㊇ヘルシーで栄養バランスのとれた食事構成となります。この調査からも窺えるように、和食についての最大の関心事は、素材の新鮮さと、素材を活かす調理といってよいと思います。

※出典：日本食文化のユネスコ無形文化遺産登録に向けた検討会　国民意向調査速報結果（2011年 株式会社三菱総合研究所）

朝がた、京都御所近くの梨木《なしのき》神社に行くと、料亭の調理人が水汲みに来ているのに出会います。日本の水は軟水で、和食の料理に適していますが、その付近の水質が特によいといわれているからです。水ばかりではありません。新鮮でよい素材を如何に発掘・選択するかが和食の調理の出発点です。欧米でも、アスパラガスなど、季節が重要な素材が多くありますが、和食ほど季節や新鮮さを重視する料理は数少ないと思います。初鰹・鮎・松茸・筍など、日本では季節や旬へのこだわりが、食べる人、調理する人の双方に強くみられるのです。

調理の方法として通常、煮る・焼く・揚げる・蒸すの四種類が挙げられますが、和食ではその他、燻《いぶ》す・煎《い》る・炒める・茹でる・炊くなど、多様な調理の仕方が採用されます。いずれも素材の味をできるだけ活かして調理することが求められます。煮炊き・水炊き・しゃぶしゃぶ・おでんなどもそうですし、天ぷら・焼魚などもそういえます。

逆説的になりますが、和食ではできるだけ調理を少なくするのが調理の秘訣といわれます。和食では刺身や寿司など、生で魚を食べることも多く、和《あ》える・おろす・浸すといった調理法も特有のものです。生ものが好まれるのも、鮮度や衛生面での配慮が行き届き、安心感があるからです。

調理の技術も世界屈指といってよく、特に鱧《はも》の骨切り、大根の千切りや薄切りにみられる包丁捌《さば》きなどは、外国のシェフが見て例外なく驚き感嘆します。和食の調理は、寿司でも天ぷらでも時間がかからず一見簡単に見えますが、職人として一人前になるには何年も何十年もかかるといわれています。

英語で「調理する」はcookですが、それは火にかけて調理するという意味です。和食では食材の切り方などを含め、材料の選択から調理のプロセスが重視され、調理方法も多岐にわたるのが特徴です。

―和食の味、「旨み《うま》」の発見―

素材を活かす調理との関連で、次に重要なのは出汁と調味料です。味には甘味・塩味・酸味・苦味の四種類があるといわれてきましたが、近年それに「旨み」が加わりました。旨みは日本で発見されたもので、グルタミン酸がこれにあたります。旨みの例としてよく鰹節・昆布などの出汁が挙げられます。出汁は、牛や鶏の肉・骨などをベースとする欧米や中国の味付けと違って、旨みそのものの調味料といわれています。

調味料についての考え方も日本と欧米とではかなり違います。同じアジアではありますが、中国の味付けはむしろ欧米に近いといえます。欧米の調味料である香辛料（スパイス）やソースは、材料の味をベースに新しい味を創りだすものです。味を創りだす点に着目して、欧米の調理は足し算の調理であり、これに対して和食の調理は、できるだけ素材本来の味を活かし無駄な味を取り除くという意味で、引き算の料理という人もいますが、まさにその通りです。醬油や味噌も、できるだけ素材の味を活かすという点で、主役ではなく脇役の調味料です。塩・酢・砂糖・薬味なども同じような位置づけになります。欧米の料理などで、肉類に香辛料やブドウ酒を加え、何日もかけてじっくり煮込むものがありますが、これなどは和食とまさに対照的な調理です。

一般論として、和食は味が薄く淡泊だといわれます。もちろん日本でも濃い味を好む人と薄味を好む人がいますし、地方によっても味の違いがみられます。濃い味か薄味か、どちらがよいかは好みの問題としかいえませんが、医学的には、薄味の方が健康によいとする人が多いようです。

味に関連するものとして、風味があります。味とほぼ同意語であったり、味に香りを加えた意味に使われたりします。和食では味覚とともに香りも調理で重視されます。舌で味わう味覚と香りが一体となる風味も和食の一つのポイントです。和食は五感を大切にする食ともいわれます。味覚はもちろんのこと、香りという嗅覚、舌触りという触覚、盛り付けなどの視覚、それに食事の際の静けさとか、虫の音など聴覚も例外ではありません。まさに五感を総動員する食事であり、日本の感性の総出の場であります。

健康・長寿食、食文化としての和食—和食そのII

—世界に誇る健康・長寿食—

和食が健康・長寿食であることは古くから知られていたようです。三世紀の『魏志』にみえる倭人伝には、日本は「温暖」で、日本人は「冬夏、生菜を食す」との記述があり、また日本人は「多くは長生き、百余になるものが甚だ多い」と記されています。

和食が健康食であるとの評価は、現代でも、かなり以前から国際的に定着していました。一九七〇年代後半、私はニューヨークに住んでいましたが、寿司・天ぷらをはじめとする和食ブームが既に始まっていました。低カロリー・低脂肪ということで、若い女性にも年配層にも人気がありました。ラーメンも醬油味・塩味・味噌味と三種類の選択肢があって大流行でした。

最近は更に一歩進み、和食が長寿に資するということで、長寿メニューとか長寿弁当なども注目されるようになりました。日本は自他ともに認める世界の長寿国ですが、それに食が深く関連していることはいうまでもありません。和食は長い間、米を主食に、副食として一汁三菜を基本的なパターンとしてきました。若布《わかめ》や豆腐を具とする味噌汁・魚・野菜・豆類・海藻などの副食のとりあわせは、健康によく栄養的にもバランスのとれたものです。

欧米や中国・韓国の食は、肉類が多いのが特徴ですが、和食は相対的に肉類が少なく、魚・甲殻類・豆類などから蛋白質や脂肪を摂取します。日本は、アジアの国としてアジア諸国と多くの特色を共有していますが、食については日本独自のユニークな点が多く、特に味付け、調理についてそういえます。これが、和食が世界でユニークな食として注目されている由縁でもあると思います。肉食と長寿の関係については論争もあるようですが、農耕が発達し、海産物に恵まれ、狩猟が発達しなくても栄養分の摂取に問題がなかったことが、結果的に日本が長寿国になる背景であったことは間違いないといえます。

伝統的な和食として挙げられる精進料理や懐石料理も、健康食といわれています。前者は、お寺のお坊さんが肉や魚を断って精進することに由来したもので、禅宗と関係が深く、後者は、お坊さんが温石《おんじゃく》で腹を温め空腹をしのいだことが語源で、茶道からきた言葉です。いずれも健康的な食であると同時に、食べ方や食べる作法を重視する料理としても知られています。

―食文化としての和食―

食文化ということをよく耳にします。特に日本でよく使われます。食は全ての動物に不可欠ですが、食事となると人間だけで、調理するのも人間だけです。かつ食事・調理はその土地の自然環境、風習、習慣、文化に密接に関連します。ということで、食がその地域の文化と位置づけられ、食文化という言葉が使われるようになったのだと思います。

ただ、私は食文化という言葉をもう少し幅の広い、奥の深い言葉としてとらえたいと思っています。食材の選択・調理・味付けだけではなく、盛り付け・食器・部屋のしつらいや雰囲気なども含めた総合的なものとして食事を位置づけ、これを食文化という言葉で表現するということです。

『ミシュランガイド京都・大阪』が初めて出版された際、編集者が記者会見で、「全ては皿の上の勝負」と述べたとの報道が目にとまりました。その真意は必ずしも明らかではありませんが、最近のミシュランでは、味や料理だけでなく、店の雰囲気やサービスの質にも言及されています。

グルメの国・フランスでは、食事は楽しむものといわれています。働くために食べるのではなく、食事を楽しむために働く、ともいわれます。その場合の「楽しみ」には食べる楽しみだけでなく、人と一緒に食事と会話を楽しむ共食、すなわち社交も含まれます。これも一つの食文化といってよいでしょう。

日本の伝統的な食習慣には、懐石料理などのように、食事をする空間・時間それ自体が文化であるとの位置づけがみられます。食事という機会、空間・時間を如何に過ごすか、過ごしてもらうか、しつらえるかに趣向を凝らします。これがまさに食文化そのものであり、そういう幅の広さ・奥の深さが、ユネスコ無形文化遺産に和食が登録された背景にあったと私は思っています。その意味で、食事の盛り付け、食器の選択、食事をする場所の「しつらい」、客への「もてなし」が重要であり、これが、食文化としての和食に不可欠な構成要素となるわけです。

―盛り付け・食器へのこだわり―

和食は、味・香りとともに視覚を重視します。美しく、あるいは美味しそうに盛り付けることが大切です。近年フランスで普及したヌーベルキュイジンヌ（新しい調理）では、盛り付けの重要性が強調されていますが、これは和食の影響によるものといわれています。盛り付けにあたっては季節感も重要です。春は春らしく、秋は秋らしく、色々と趣向が凝らされます。この季節感は盛り付けだけでなく食材の選択、調理の仕方、食器、部屋のしつらいに至るまで、和食全体に通ずる留意点と位置付けられます。正月のお節《せち》料理も盛り付けの美しさが求められますし、幕の内弁当なども色合わせが重要です。

食器の種類が多く、かつ食器を数多く使うことも和食の特記事項です。食器の形・色彩・模様も様々です。一流の陶芸家の作である食器も日本では珍しくありません。この食器の多彩さは、外国の料理と比べて和食の大きな特徴となっています。食事をしていて、食器を見るのが楽しみでもあり、また嗜《たしな》みともなっているのです。

食器の使い方も様々で、通常、御飯は陶磁器の御飯茶碗でいただき、味噌汁や吸い物は漆塗りの木の椀でいただきます。御飯の盛り付けを「よそう」といいますが、漢字で書くと「装う」となるのも何か意味があるように思われます。食器だけでなく、言葉は中国語に由来しますが、卓袱台《ちゃぶだい》も日本独特のもので、団欒《だんらん》の食事によく合います。また、銘々膳なども、食を大切にする日本ならではの食卓といえましょう。

箸は、東アジアに共通する道具ですが、和箸は中国や韓国のものに比べやや長さが短く、御飯茶碗やお椀を左手で持ち上げ、右手で箸を持っていただくスタイルは日本独自のものです。食事の前後に「いただきます」といって箸をとり、「ご馳走さま」といって箸を置く所作にみられるように、和食には、随所に食を大切にする仕草や言葉が見受けられます。因みに、「ご馳走さま」は、客人をもてなすために駆け回って準備することに由来する言葉で、食事への感謝の表現です。

—「しつらい」と「もてなし」—

「しつらい」も「もてなし」も日本的な表現です。漢字で書くと「設《しつら》い」「持て成し」となりますが、やはり平仮名で書かないと感じが伝わりません。どちらも、客を饗応《きょうおう》する際に重要なことです。饗応は接遇と同じ意味ですが、饗の字に既に「食」が入っていることも興味あることです。世界各国とも、昔から客の接遇と食事は密接に結びついていますが、日本では、特に食を供するにあたって、外見に現れた部屋などの「しつらい」と、内面的な客への心遣いや気配りのある「もてなし」が重視されます。

部屋の「しつらい」や調度品は、豪華である必要はなく、けばけばしいものはむしろ排除されます。和の気配、風情の中で和食をいただく、これが和の食文化の醍醐味です。床の間には掛け軸が掛けられ、花が生けられます。花も一輪挿しなどのさりげないものが好まれます。さりげなさの中に奥深さのある、日本文化の象徴的な味わいがそこに具現されるわけです。掛け軸も生け花も、季節に合わせ、客の好みなどを考えて選びます。これが客をもてなす主人の出番であり、腕の見せどころなのです。前章でも述べたことですが、欧米のホスピタリティが、自分が主体になって相手を歓待するという意味で、ホスト側に焦点があてられるのに対し、和食での「もてなし」は、客が主役で、常に客の気持ちを察し、客が満足し喜ぶように対応するという意味で、あくまで主体はお客です。

和食の項を終えるにあたり、少し私自身の経験を述べます。私は、以前住んでいたニューヨーク、シドニー、ベルギーで、また東京と京都でも、食べ歩きに励みました。出張などで外国に出かけたときは、できるだけその土地の食事を体験するように心がけました。京都では特に、和食を中心にしながら、色々なジャンルの店を食べ歩きました。そういう経験を通して、和食について世界に発信する点が多いことを痛感しています。これからも、和食への関心はますます広がり高まると思われます。その際、和食そのものの普及とともに、和食の背後にある日本人の食に対する考え方についても、理解が深まればと思っています。

外に開かれた住居、素朴でこだわりの室内―和室そのI

―「家に上がる」「木の文化」―

和服、和食に続き、日本の「住」として、和室をとり上げます。本来であれば「和家」となりますが、そういう言葉はないので「和室」としました。家という語には、物理的に居住する場と、生活する場としての二つの意味があります。英語では house と home の二語になります。いずれにしても、家は食べて寝て生活をする場として大切な場です。居心地・住み心地・寝心地がよくなければなりません。

日本人が家を大切にすることを示す言葉として「家に上がる」「部屋に上がる」という表現があります。伝統的な日本の家は高床式になっているので、物理的にも「家に上がる」になるわけですが、この表現には、家を大切にするという象徴的な意味が込められています。家に上がるには、まず履物（靴）を脱ぎます。これも家を大切にするという趣旨で、清潔・衛生面でも望ましいことです。因みに、靴を脱いで家に入るという習慣は世界でもごく少数で、韓国、東南アジアの一部、アイスランドなどの北欧の一部だけにみられるものですが、最近はそれ以外のところでも、外履きを脱いで部屋履きに履き替える習慣が増えています。

一般論として、日本の家は木造建築が主といってよいと思います。近年は高層マンションの住居も増えていますが、主流はやはり木造が基本です。その意味で、日本は木造建築の国です。欧米が石の文化、中国が土の文化、アラブ圏が砂の文化と表現すると、日本は木の文化です。日本の国土の三分の二以上は森林といわれています。建築材にも、松・杉・樫・檜・槇など多種類の木がそれぞれの特性を活かして使用されています。日本の木造建築技術は、昔から世界の先端を歩み続け、外国の建築家が驚嘆する建物や建築技法が数多く残されています。

石や土と違って、木は生き物です。その特性は、建築材として使用された後も残ります。乾燥すると硬度や耐水度は樹齢の四倍になるそうです。したがって、樹齢百年の木材は四百年もつわけです。木は軽くしなやかであり、地震に強いのも木造建築の特徴です。問題は火災に弱いことですが、木造は建て替えや修復が比較的に容易なことも併せて指摘されます。

日本はモンスーン地域の北端に位置し、黒潮の関係もあって湿気の多い地域です。したがって、防寒や防暑も必要ですが、湿気対策が日本の家屋にとっての最大の課題です。揚げ床になっているのもそのためです。建築材としての木は湿気に強く、湿度が高いと水分を吸収し、低いと水分を放出します。したがって日本の住居が木造基調なのも理由のあることです。

日本の木造家屋の基本は、柱と屋根とされていますが、屋根も切妻《きりづま》・寄棟《よせむね》・入母屋《いりもや》など、いずれも勾配があり、排水や水捌《は》けのための工夫が凝らされています。また廂《ひさし》やモンスーン地域に共通する軒《のき》も、雨よけ・日よけのためのものです。

石・煉瓦《れんが》・コンクリートの家と比べて、木造家屋は冷たさがなく、温かさと柔らかさがあります。その意味で、人間味があるといってよいでしょう。屋内は木と紙が主流です。障子や襖《ふすま》など、和紙の雰囲気も重要な役割を果たします。これは石や土の壁と比較するとよくわかります。

木は、世界でも建築・内装・家具に幅広く使われていますが、日本の木造家屋は、木の持ち味をきめ細かく、フルに活用しているという意味で、世界の住居の中でも重要な位置を占めています。

—外に開かれた住居—

欧米などの家がどちらかというと自然を遮断し、外と隔離した形で、屋内の生活を重視する傾向が強いのに対して、日本の家は自然とのつながりを重視し、外から内への連続性、すなわち開かれた家を志向しているといえます。これは気候が温暖であることとも関連します。

外との境界である塀も、石やコンクリートではなく、生垣《いけがき》がみられるのも特色です。門を入ると敷石が並べられ、玄関に続きます。町家や商家では門がなく、直接外の通りに面する場合も多く、玄関（出入り口）には暖簾《のれん》があるだけで、扉のない家も多くみられます。玄関に入ると土間《どま》や三和土《たたき》があり、敷台（式台）で履物を脱いで部屋に上がります。その一連の流れには、外から内への連続性、外に向かっての開放性が見てとれます。

日本家屋の開放性を示すよい例が縁側です。縁側は、雨戸《あまど》の内側か外側かで、榑縁《くれえん》と濡《ぬ》れ縁《えん》に分かれますが、榑縁は外廊下と同意語にも使われます。いずれも日本独特のもので、部屋の延長にも外廊下にも、また人の出入り口にも、近所の人たちとの出会いの場にも、夏には日光浴のサンルームにもなるという、多目的な、内と外とを結ぶ場です。欧米の家にもテラスやベランダがありますが、外との接点という意味では縁側にはかないません。

壁の少ないことも日本家屋の特徴といえます。近年は、プライバシー確保の点から壁が増えてきていますが、外との結びつきという点からは、雨戸・ガラス戸・格子戸が基本になります。いずれも、開閉は左右へのスライド式が大部分で、収納も狭いスペースで事足り、それだけ外との接点が広くなります。雨戸は降雨時のみに閉めるということでそう名付けられたのでしょう。戸締まりはちょっと大変かもしれませんが、夜に戸を開けて、月や星空を部屋の中から眺められるのも木造家屋ならではのことです。

―自然を身近に取り入れる―

外との連続性に加えて、自然をより積極的に取り入れることも日本家屋の特色です。日本は湿気が多いので、換気、通風が極めて重要です。風通しがよくなければなりません。また夏は日差しが強く、日除けが必要なときもありますが、採光も重要なポイントです。なお、外に開かれた住居だけに、自然を積極的に取り入れつつ、他方では安全面に配慮するなど、バランスをうまくとっていくことが肝要です。

壁に代わる日本家屋の特色は、いうまでもなく障子と襖です。両者とも簡単に開閉ができて、外気をフルに取り入れられます。和紙を使う障子は日除けも採光もできます。和紙には光を拡散する作用があるので、閉めていても部屋全体に適度の明るさが確保できるのです。襖は、格子状の枠に貼られた紙と紙との間に空気の層があって、これがクッションとなり、室内を夏は涼しく、冬は暖かく保ってくれます。

さらに、多湿で暑い夏には、障子、襖を取り外し、網戸や簾《すだれ》に替え、風通しをよくし日差しを遮ります。いずれも内からは外が見えますが、外からは中が見えにくく、目隠しにも景観にもよいものです。衣替えとともに、建具・家具替えも行うことは、他国にはあまりみられない、ユニークな日本の習慣です。

その他、天井と鴨居の間にある欄間《らんま》、屋根の一部をあけた天窓なども、採光と通風のための工夫であり、坪庭も、奥行きの長い日本家屋では重要な役割を果たします。

採光と換気に限らず、自然を屋内に積極的に取り入れ、自然を身近に感じることが、国土が狭く、敷地・屋内スペースに限界のある日本の家にとっては重要なことです。狭くとも庭をということで、坪庭もそうですし、生け花・盆栽・箱庭なども、自然を身近に置く発想からのものです。このように自然を身近に置くという自然との共生は、日本文化、日本人の考え方の基本の一つと位置づけられます。

―素朴でこだわりの室内―

日本の家は、装飾・調度品・置物・絵画などが少なく、控え目なのも特徴です。全体として色彩も地味で、素朴な佇まいであり、屋内のしつらい・設営も簡素です。ただし、その簡素さのうちに、さりげなく細部にわたるこだわりが見てとれ、これが日本の家の持ち味となっています。これを、私は外国人に説明するときに、「洗練された素朴さ」、refined simplicityと表現してきました。

日本の家屋の中心は床の間《とこのま》です。床の間は、接客などに使う中心的な部屋にあり、畳より一段高く、正面の壁には通常掛け軸が掛けられ、その前に花が生けられています。掛け軸は書画が多く、生け花は一輪挿しのようなさりげないものが普通です。床の間の隣には、違い棚といって、上下二段に組み合わされた棚が設けられ、そこに置物などの美術品が置かれます。掛け軸・生け花・置物などは、来客やTPOに応じて頻繁に替えられます。この床の間と違い棚が、日本家屋では唯一の展示・装飾スペースになることが多いようです。

壁も一色に塗られたままの状態で、障子も白い和紙が貼られたまま、絵も模様もありません。襖も一般の家庭では、唐紙《からかみ》のような模様はありますが、襖絵はありません。内装はけばけばしくなく、すっきりしていて、掛け軸や置物も少数厳選主義です。しかしながら、欄間、柱の継ぎ目の釘隠し、襖の引き手など、さりげない部分に芸の細かい趣向が凝らされます。ヨーロッパのアール・ヌーボーと一脈相通ずるものがありますが、そちらがむしろ日本の影響を受けたとの説が有力です。部屋のしつらいとして、生け花、植木鉢や金魚鉢、風鈴など、狭い空間を活用して自然を身近にという工夫も随所にみられます。

最近は住宅事情により、床の間が少なくなったのは残念ですが、限られたスペースの中で自然との関わりを確保し、装飾や部屋のしつらいにさりげないこだわりを示す、これが日本の住の魅力です。

融通無碍《ゆうずうむげ》の部屋割り、寛《くつろ》ぎと団欒《だんらん》―和室そのII

―融通の利く部屋割り、畳の上の生活―

日本家屋の部屋は、複数の目的に使用でき、臨機応変で融通が利きます。一つの部屋が、寝室にも居間にも客間にも勉強部屋にもなるという具合です。これには、家具の可動性が大前提となります。布団・机・椅子・卓袱台などの家具を片付けて収納したり、別の部屋に移せるからできることです。家具の中には固定するものもありますが、布団をはじめ、座卓、座椅子など、大部分は比較的容易に動かせる家具です。それぞれの部屋が一日中、一つの目的で使われるわけではないので、この多目的な部屋の活用は、移動の手間暇や片づけの面倒さはありますが、合理的・効果的です。

家具だけでなく、障子や襖などの建具を取り払って部屋の仕切りを外し、一つの大きな部屋として使うことも可能です。さらに、部屋の中に屏風《びょうぶ》や衝立《ついたて》を置いて、パーティションとして仕切ることもできます。したがって家が狭く部屋数が少なくとも対応できるという利点があります。

布団や家具などの収納も、押し入れという、間口・奥行きのある収納部分が各部屋についていることが多く、また固定家具として、衣類などを収納する簞笥《たんす》も、かつては嫁入り道具の一つとされるなど、日常の生活に必要なものの収納には、それなりの配慮が払われてきました。

日本家屋の部屋は畳が基本で、伝統的に畳の上の生活が主流です。畳は日本独特のもので、他に類のないものです。藁《わら》を固めた畳床に、イグサで編んだ畳表《たたみおもて》を縫い付けたもので、断熱性、保温性、吸湿性、クッション性に富み、転んでも痛くなく、寝そべっても心地よく、畳の上の生活は、板間や土間とは全く違った感触のものです。畳の厚さは五〜六センチあり、板張りの床の上に絨毯《じゅうたん》やカーペットを敷くのとは違います。

畳の上に机やテーブルを置いて、椅子に座る家もよく見かけますが、畳の上の生活の基本はやはり床座です。同じ「座る」といっても、椅子に座るのと畳に座るのとではかなり違います。一見、椅子に座る方が簡単で楽にみえますが、床座の方が安定しており、座る、立ち上がるという動きも含めて、健康にもよいという人もいます。食事も仕事や勉強も、畳の上に座布団を敷いて座る方を好む人も少なくありません。椅子座か床座かは、各人の好みや習慣、家の構造で決まりますが、床座の場合には、どこに座るか、どのように座るかを含めて、選択の範囲が広くなります。

畳の上に布団を敷いて寝るか、ベッドで寝るかも、各人の選択の問題ですが、布団の方が寝心地がよく、畳の上に敷布団を敷き、掛け布団をかけて寝ると、ぐっすり寝られるという人はかなり多いようです。特に冬は布団の中身が木綿《もめん》わたであるため、保温性・弾力性・吸湿性に富み、暖かくて好評です。

外国人が日本に住み、日本の生活に慣れて日本化することを、フランス語の動詞で「TATAMIZER《タタミゼ》」といい、辞書にも載っていますが、これは正に、畳の上の生活に慣れることに由来する言葉です。

―寛《くつろ》ぎやすく団欒《だんらん》しやすい和室―

生活の場としての住居で、大切なのは寛ぎと団欒です。外で仕事し、勉強する人が、家に戻ったら気楽に過ごしたいと思うのは当然です。仕事場や学校で長時間、椅子に座って仕事や勉強をする人が、家では畳で寛ぎたいと思うのもうなずけます。畳に座るという場合に、正座でも胡坐《あぐら》でも、足を投げ出しても、あるいは寝そべってもよいというのも、床座の利点です。ソファーは椅子と比べると寛ぎの度合いは大きいと思いますが、やはり畳の方が雰囲気的にも寛ぎやすいようです。石やコンクリートの家よりも木造家屋の方が心理的にリラックスできるという人も多いです。

家で一緒に生活する人が集まって、団欒の場を持つことも重要です。友人や客人を招いての集まりもそうですが、特に家族や同じ家に住む人が、その絆を深める機会となるからです。その際、卓袱台を囲んでの食事や、畳の上での車座は、団欒に適しています。冬の囲炉裏《いろり》や炬燵《こたつ》は、まさに和の住居ならではの格別な「しつらい」です。欧米の暖炉は壁側にあって部屋を温めるもので、団欒という点では、囲炉裏、炬燵にかないません。最近は欧米でも、クッションなどを利用しながら、椅子に座らずに絨毯などの敷物の上での床座を好む人が増えているとの話も聞きます。

団欒が重要であるといっても、常に団欒しているわけではなく、一人で居ることも必要です。一時、個室主義ということで、家族や子どもの人数だけ個室を用意するとの考えが一般化したことがありました。個室に閉じこもってパソコンやゲームに熱中する人もいます。個室が自主性や自立性を育てるのによいとは限りません。むしろ、家族や子どもが一室で一緒に仕事や勉強するのもよいのではないでしょうか。いずれにしても和の住居では、それぞれの部屋が個室としても、何人かが一緒に居てもよいという意味で、融通性に富む活用が可能なのです。

―日本人は風呂好き―

日本人の風呂好きは定評があります。比較的狭い家でも通常、浴槽（バスタブ）と洗い場のある風呂場があります。英語ではtake a bathですが、日本語では「風呂に入る」といいます。まず身体を流してから浴槽に入り身体を温め、そのうえで洗い場でしっかり身体を洗い、再び浴槽に入るわけで、衛生的でもあり、清潔でもあります。小さな子どもが親と一緒に風呂に入るのも、親子の絆を深めます。

浴槽は、かつては檜風呂など木製でしたが、最近はアクリルや強化ポリエステルがほとんどで、欧米のバスタブのように、一人が入るごとに湯を入れ替えるスタイルが多くなっているようです。日本を訪れた外国人の印象記には、日本人は清潔感に富み、風呂好きで毎日風呂に入るという点が、古い時代から言及されています。

同時に、日本人にとって風呂は、一日の疲れを取り、寛ぎリラックスする空間であり、また貴重な時間でもあります。まさに「癒《いや》し」の場として、一日のスケジュールが終わって就寝前、ゆっくりと比較的長く、風呂に入る人が多いようです。

風呂好きの日本人は、温泉好きでもあります。古くから日本各地に温泉が発達し、公家・

武士・庶民の憩いや癒しの場となってきました。現在も、湯治としての治療・療養だけでなく、休養・癒しのため、多くの老若男女が温泉を訪れています。最近は、外国人の間でも温泉ブームが広まっています。日本を訪れ、景色を眺めながらゆっくりと温泉に入りたいという人も増え、外国人を案内する行先に温泉を含めるという日本人も多くなっています。確かに入浴は、身体を清潔にし清めるばかりでなく、憩い・癒しの場としても重要な意味合いがあるといってよいと思います。

—和室の勧め—

住については、最近は和風よりも洋風を好む人の方が、数のうえでは多いようです。確かに洋風の家は機能的で便利な点が多く、セキュリティの面でも安心して住めます。しかし、和風住宅にも、自然との関わり、融通性、効率性など、利点や魅力も少なくありません。

私は、大学を卒業して英国に留学する機会がありました。英国の大学生活が学ぶ場だけでなく生活の場でもあるという点が印象深く、学生寮も一人二部屋で、寝室が別、居間兼勉強部屋には机、椅子の他にソファーもあり、少人数の集まりが自室でできることに驚きました。また、英国の家庭を訪問して、家具や調度品を含め、住居の奥の深さを感じました。そして四十年の年月を経て、京都に住み、京都の人々の暮らしぶりや生活に触れ、和の住居にも、よさと魅力を改めて感じるようになりました。最近は、外国人で京の町家に住みたいという人が増えているという話も聞きます。

一時、集合住宅など、洋風の住居で一室を和室にするということが流行《はや》りました。日本人の生活は、これからも、衣・食・住のいずれもが和洋折衷というか、和と洋との二重構造で推移していくと思います。その中で、ともすると和の部分が少なくなっていく住の面で、少なくとも一室は和室にして、和の利点を享受できるようにしては如何《いかが》でしょうか。

セキュリティの面、冷暖房の面などで設備が発達すると、これまで和の住居の問題点とされていたことも解決されていくと思われます。欧米の家でも床暖房が発達すると寛ぎと団欒が得られるよう、床座がますます普及するでしょう。自然との繋《つな》がり、家具の可動性、部屋の多目的使用といった和の住居の利点が、欧米の住居でも今後の検討課題になると思います。このように、和室も和服・和食と同様、世界に発信できる点が少なくありません。

第六章

日本に根付き定着した東洋の叡智

第六章では、日本に根付き定着した「東洋の叡智」のうち、それが比較的そのままの形で日本に根付いたものを取り上げます。代表的なものとして第一に、複数価値の容認、表決の回避とコンセンサス志向を、第二に、無と空の思想、現代に生きる禅を、第三に、自然との共生、自然との一体化を選び、それぞれについて説明します。

複数価値の容認、表決の回避とコンセンサス志向

―異文化への対応、一神教と多神教―

異なるもの、異文化への対応は、一神教と多神教とではその対応が基本的に変わってくるように思われます。一神教の世界では、正しいものは自分たちの宗教で、それ以外は正しくない、ということになります。一神教の代表的なものは、キリスト教とイスラム教です。

キリスト教の歴史は、布教と勢力拡張の歩みでした。十六世紀半ばから十七世紀はじめにかけて、日本にも、大勢の宣教師が渡来したのは周知の事実です。一般論として、武力あるいは政治・外交力により勢力範囲が拡張されると、程度の差はありますが、異文化に対して自分たちの文化・風習に適応させるという同化政策がとられるのが通常でした。キリスト教もそういう面があり、同じく一神教であるイスラム教も、基本的には同じであったと思います。正しいものは他者にも広めたい、他者にとってもそれが幸せである、というアプローチです。

これに対して、多神教ないし多神教的世界では、自分の信じているものはもちろん正しいが、別の人が別のものを信じ、それを正しいと思ってもそれはそれでよい、とする考え方で

す。宗教でいうと仏教・神道・ヒンズー教などはこれにあたります。なお仏教でも、浄土思想などはかなり一神教に近いと私は思いますが、一般論としては西洋の考え方が一神教的であり、東洋の考え方は多神教的といえましょう。

このように、異文化・異なるものへの対応は、一神教と多神教とでは基本的なスタンスに違いがありました。しかし最近、二十世紀から二十一世紀にかけて、一神教側の異文化・異宗教に対する対応には、かなりの変化がみられてきています。この点もふまえながら、以下、東洋と西洋の、異文化への対応の仕方や意思決定の方法などを対比していきます。

―複数価値の容認、寛容と包容―

多神教的考え方は、一つの価値だけではなく、複数の価値の存在を容認するということです。東洋、すなわちアジアには多神教が多く、複数価値の容認は東洋的な考え方ともいえます。この考え方では、価値は相対的なものになり、したがって異文化・異なるものへの対応も寛容、寛大になります。神そのものが一神でなく、多数の神が存在するわけですが、その多数の神の中には、異宗教の神が含まれることもあります。

日本では、本地垂迹説《ほんじすいじゃくせつ》、神仏習合説《しゅうごう》といって、本地の仏が神道の神となって現れるということで、うまく神道と仏教の両立が図られました。神社の中に仏がまつられ、寺院の中に神道の神の名が書かれたりしているのをよく見かけます。これなどは寛容というより、一歩進んで、包容と位置づけてよいと思います。

異宗教・異文化に対して、厳しい対応であった一神教にも、二〇世紀後半頃から少しずつ変化がみられるようになりました。ローマ法皇が、異宗教との対話を積極的に呼びかけるようになったのも、大きな変化でした。また二〇〇一年、イランのハタミ大統領（当時）が「文明間の対話」ということで、イスラム教と、キリスト教をはじめとする多宗教との対話を主唱したことも、画期的なことでありました。イスラム過激派のような極端なケースもありますが、最近の傾向は、一神教も含めて、異宗教・異文化への対応が一段と寛容になってきているといってよいと思います。

日本は、キリスト教の弾圧などはありましたが、大筋としては伝統的に、異文化・異宗教に対して寛大であったと私は思っています。むしろ異文化・異宗教を上手に取り入れてきたと思います。出生は神社で祝い、結婚式は教会で挙げ、葬式はお寺でおこなうというのは、多くの外国人にとって信じられないことですが、これも異文化・異宗教への寛容性を示す一例といえないこともありません。このような伝統を活かしながら、日本が、より積極的に「宗教間の対話」に貢献できないか、これが私の率直な思いであります。

―多元文化主義　multi-culturalism ―

最近、多元文化主義 multi-culturalism が世界の主要国を含め、国の重要な施策となっています。最初にこれをとり上げたのはオーストラリア（豪州）でした。一九七〇年代後半から、それまでのアングロ・サクソン同化政策、すなわち非アングロ・サクソン系移民に対する英語の学習など、アングロ・サクソン社会への同化を求める政策から一八〇度転換して、豪州に移住しても母国語を話し、母国の生活習慣をできるだけ認めるという施策に変わりました。日本ではあまりなじみのない言葉で、日本語に訳しにくい言葉でもありますが、これが、多元文化主義です。八〇年代の後半、シドニーに住んでいた私は、まさに多元文化主義への転換を目の当たりにしました。そしてこれは、現在の豪州の再活性化、発展と大いに関係があると思っています。

外務省に勤務中、私は豪州を含め、七ヵ国に在勤する機会がありました。在勤順に述べると、英国、スイス（ジュネーブ）、タイ、米国（ニューヨーク）、インドネシア、豪州（シドニー）、ベルギーです。偶然の話ではありますが、この七ヵ国はいずれも、多かれ少なかれ、多元文化主義に関連のある国でした。

米国では近年、この多元文化主義が重要施策となっています。隣の国カナダも同様です。スイスの国語は、ドイツ語・フランス語・イタリア語・ロマンシュ語の四言語、ベルギーの国語はオランダ語・フランス語・ドイツ語の三言語です。スイスを旅行すると、駅の名前や説明がドイツ語・フランス語・イタリア語で書かれ、それに英語が加わることもあります。

英国は、連合王国（United Kingdom）といって、イングランド・スコットランド・ウェールズ・北アイルランドなどから成り立っていることは国名からも明らかです。インドネシアの建国の基本は、「多様性の中の統一」です。タイは、隣国のマレーシアがインド系・マレー系・中国系と三つの民族系に分かれているのと対照的に、タイ系と中国系の混血が進んでいますが、これも多元文化社会の一つの表れといえます。

この多元文化主義は、複数価値の容認ということで、東洋的発想といえるというのが私の見解です。日本が、多元文化国家になることはないと思いますが、「第三の開国」が進み、国内の各地域に外国人が多く住むようになると、国内的に複数価値の容認が必要になり、「多元文化主義的発想」を取り入れていくことが必要になっていくと思います。

―多数決の問題点―

多数決は、人間が考え創り出した大きな知恵であります。「最大多数の最大幸福」なども、同じ趣旨の知恵です。社会全体の幸せや人間社会の円滑な発展を確保するにあたって、一部の犠牲や反対は、多くの人の幸せのためにはやむを得ないとする考え方です。西洋を中心に、この多数決の原理が確立するのには長い年月がかかりました。すなわち、自分たちが賛成できなくても、多数の人がそう望むのであれば、自分たちはそれに従うという仕組みと意識改革が実現したわけです。

しかし、当然のことながら、多数決には問題点があります。極端な例かもしれませんが、51対49で、あることが決まったとします。ほぼ半数の反対があっても、一票でも賛成が多ければ、49人の人が51人の人に従うというのは問題です。三分の二の多数で決まったとしても、三分の一の人の意向が反映されないというのはやはり問題です。

さらに、ある組織なり集団などで、多数を占めるグループが、色々な問題について同じような行動パターンをとると、全ての問題について、そうでないグループの人の意見は、結果として常に全く反映されないということになりかねません。これも、多数決原理の問題点でよく起こることです。

異なる意見が存在する場合には、表決の前に話し合いや討論が必要です。話し合いや討論を通じて、接点や合意点が得られるかもしれません。そして、どうしても意見の合意や接点が得られない場合にのみ、多数決の原理が働くのです。そういう過程を経ないで表決に持ち込むのは、多数決の弊害の一つになります。時間を早めたり、手続きを簡単にしたりするために、安易に表決に持ち込むのは避けなければなりません。このように、多数決の原理は、これを安易に採用しないという配慮が重要です。

―エイシアン・ウェイ、表決の回避―

一九七〇年代の中頃、私は、タイのバンコクに住んでいました。日本大使館の参事官として勤務していましたが、同時に、バンコクに本部のあった、国連のアジア・太平洋地域の国際機関、ＥＳＣＡＰ（アジア太平洋経済社会委員会）の日本政府常駐代表を兼務していて、関連の会議によく出席しました。

ちょうどその頃、ＥＳＣＡＰは、前身のＥＣＡＦＥ（アジア極東経済委員会）から名前を変えたところでした。南西アジア出身の事務局長から、インドネシア出身の事務局長にバトンタッチされて、東南アジアの発言力が強まり、日本もそれを積極的に推進・支援しました。そのESCAPで、各国参加者の共通認識であり、共通語として定着したのが、エイシアン・ウェイ（Asian way）です。

エイシアン・ウェイとは、ものごとを決めるのに投票には付さずに、あくまでコンセンサス（全会一致）で決定するという「やり方」です。当時、「アジア」の国を標榜するようになった豪州とニュージーランドの代表が、アジア諸国の代表と一緒になってエイシアン・ウェイを率先して主張しているのが印象的でした。

多くの国が出席する会議で、しかも意見が分かれているときに、コンセンサスで決めるのは至難の業です。討議が延々と続き、それが往々にして深更まで及び、日付も変わったりします。出席者も疲れ果てて、何とか接点、合意点を見つけようという気になります。これがまさに、エイシアン・ウェイの実態でした。しかし、そこで得られたコンセンサスは全員納得のうえで採決されたもので、その意味合いは大きいものでした。

日本は、このエイシアン・ウェイの主導者の一員でした。エイシアン・ウェイはジャパニーズ・ウェイと呼んでもよいという人もいました。私にとっては、ESCAPの仕事をしていた折の貴重な思い出の一つとなっています。

―話し合い重視とコンセンサス志向―

エイシアン・ウェイは、コンセンサス志向を地でいくものです。話し合い重視の真骨頂ともいえます。ただし、これが成立する前提として、出席者が全員、コンセンサス成立のために協力する、努力するというスタンスが必要です。状況により自説を修正したり、取り下げることがあり得るからです。

最後まで誰かが自説に固執すると、コンセンサスは成立しません。「無理難題をいって、全体を困らせる」ことで得をする、いわゆる「ごね得《どく》」の現象が起こることもあります。むしろ、最初から「ごね得」を狙って、何かを得ようとするケースもあり得ます。

また、「小田原評定《おだわらひょうじょう》」といって、議論ばかり延々と続けながら何も決まらない、ということもあります。因みに、「小田原評定」の語源は、小田原城が豊臣秀吉の軍勢に囲まれたとき、城主の北条氏が家臣を集めて、戦いを続けるかやめるか評議を重ねましたがどちらとも決められず、結局滅ぼされてしまったことに由来します。

私自身の国際会議での経験では、「ごね得」が功を奏したり、「ごね得」で困ったことはほとんどありませんでした。また、エイシアン・ウェイでは何かを決めなければならないということで、精力的に討議を進めたので、「小田原評定」的な結果になったことはむしろ稀《まれ》でした。

コンセンサス志向は時間がかかり、また接点、合意点を見出すのが大変ですが、それなりの効果、効用はあります。何はともあれ、全員が納得したうえで結論が得られるからです。コンセンサス成立のために、自らの主張を若干抑えることは不可避ですが、それでも全員が賛同、納得して、結論が得られる意味合いは大きいといえます。

コンセンサスの中には、微妙なバランスの上に成り立っていて、基盤が脆弱《ぜいじゃく》なものもありますが、それでも反対を抑えての多数決と比べて、安定性は大きいというのが私の見解です。

―少数意見の尊重―

話し合い重視とコンセンサス志向のもう一つの特徴は、少数意見の尊重です。多数決では、少数意見が反映されない可能性が大きいですが、コンセンサス方式では、少数意見がコンセンサスの内容に相応に反映されるのが通常の現象です。

国際社会では、特にこの点が重要です。少数意見にも配慮されたバランスのとれたコンセンサスの内容が求められ、期待される中で、客観的にも妥当な安定度が増す結果が得られるからです。

当面する困難な問題に、少数民族の問題があります。多くの場合、政治的に極めて複雑でデリケートな問題ですが、多数決によって少数民族の意見が常に反映されないのでは、解決につながりません。話し合い、コンセンサスを形成する過程で、少数民族の意見がそれなりに反映されることが望まれます。

多数決とコンセンサス方式を比較すると、少数意見の取り扱いという面を含めて、コンセンサス方式が望ましいケースが数多く認められます。特に国際社会ではそうです。コンセンサス方式は時間がかかり、手間暇がかかりますが、伝統的に話し合い重視の傾向の強い日本が、少数意見処遇の面で率先した役割を果たすことが期待されます。ただし、少数意見に配慮といっても、国際テロ集団のような過激派グループや過激な意見、極端な主張が除かれるのはもちろんのことです。

―忍耐力と調整力―

コンセンサスによる解決には、通常、時間がかかります。少数意見の主張に耳を傾け、何とか一致点、接点を見つけないといけないからです。それには忍耐力、我慢強さ、辛抱強さが求められます。合意に辿りつくまでは大変ですが、得られたコンセンサスは貴重です。

また、調整力も重要です。当事者の柔軟性も必要ですが、特に国際会議などのマルチの場では、第三者の調整力がものをいいます。百ヵ国も二百ヵ国も出席している国連などの会議では、うまく調整役を果たしてくれる第三国の代表の存在が、大きな役割を持つことがしばしばです。

ここで強調したいのは、議長の役割です。忍耐力と調整力を持った議長がうまく采配をとり、コンセンサスが得られるような方向に討議を舵取りするわけです。この議長の重要性は極めて大きいものがありますが、誠に残念ながら、国際会議の議長を務められる日本人は極めて限られています。国際会議の議長というと、少なくとも英語とフランス語が堪能で、国際会議には何度も出ているベテランでないといけません。

私がタイに在勤していたとき、後に外務大臣などを務められた大来《おおきた》佐《さ》武郎《ぶろう》さん(故人)が、ESCAPの会議でよくバンコクに来られました。同氏は、ESCAP事務局勤務の経験もある、日本の国際会議エキスパートの草分け的存在ですが、同氏が出席者の発言をふまえて総括的な意見を述べると、全員がなるほどと納得してコンセンサスが得られる、という光景に何回か遭遇しました。これからの日本を考えるとき、国際会議の議長を務められる人材がもっともっと出てくることを切望します。

無と空の思想、現代に生きる禅

――零《ゼロ》の発見、無と空《くう》は東洋の思想――

無と空の思想は、アジア、東洋で始まり発展した思想です。零の発見もインドです。一説では、五～六世紀には既に、一から一を引くと零になるということで、零という考えがあったとされています。さらに、十を一〇と書き、百を一〇〇と書く、いわゆる位取り（記数法）も、インドからアラビア半島を経由してヨーロッパに伝わり、1234……と書くアラビア数字が定着したといわれています。

「空」は、インドで唱えられ、仏教に引き継がれ発展した思想です。「空」はサンスクリット語に由来し、「空《から》っぽ」「何もない」という否定的な言葉ですが、同時に「なんでも入る」という積極的な意味になります。この積極的意味が大乗仏教にとり入れられ、「空」の思想となったわけです。「空気」「空間」も同じように積極的な意味になり、現在でも「空車」「空席」といった言葉に使われています。

「無」は、「零」との関連で、インドでも「考え」としては存在しましたが、「思想」として定着したのは中国で、戦国時代に老子・荘子によって唱えられ、道教の思想の根幹をなす言葉となりました。この「無」も、後述するように「何もない」ではなく、「万物の根源」という積極的な意味になります。

英語では通常、「無」はnothingness、「空」はemptinessと訳されます。nothingは「モノ」が存在しないという意味です。emptyも「モノ」が何も入っていないという意味です。しかしnothingnessも、emptinessもネガティブなイメージで、「無」「空」の積極的な意味合いの説明としては、不十分といわざるを得ません。私は英語でもmu、kuuとそのまま使っています。

この「無」と「空」の思想は、中国から日本に伝わり、日本で定着し、また日本特有の発展もみられました。特に、「無」と「空」が、日本では「わびしさ」「はかなさ」「無常感」と結びついたことが特徴の一つです。

―「色即是空　空即是色」―

「色即是空　空即是色」は、仏教経典「般若心経」にある言葉です。般若心経は座禅をするときによく唱えるお経です。「色」はこの世の様々な事象・現象です。これらは全て固定的なもの、不変なものではなく、滅びゆくもの、変わるもので、その意味で、実体のないもの、本質ではないものです。

しかし、今まで実体と信じて執着していたものをいったん否定してみると、今度はそれが実体のあるものとして活き活きと甦《よみがえ》ってくる、これが「色即是空　空即是色」の意味です。いったん否定してみてそのうえで肯定すると、それまでの肯定とは違った、より積極的な肯定になる、これも東洋的な発想といってよいと思います。「正反合《せいはんごう》」の弁証法的発展と一脈相通ずるものがあるといえるかもしれません。

老子の言葉に「道はうつろで、無としか、いいようのないものであるが、その働きは無限である。一杯にしようとしても一杯にならない。道は万物の源である」との趣旨の一節があります。これも「空」の積極的な面を強調した表現です。

すなわち「空」は一つの「空間」「容れ物」であって、そこには何でも入り得る可能性があるのです。地球上の「空間」には「空気」が充満していますが、その「空気」の中に万物が存在し、その「空気」の中で様々な現象が生起しているわけです。このように、「空」を「何もない」「空っぽ」ではなく、積極的な意味に捉える、これが東洋の発想であり、東洋の叡智であると私は思っています。

―「無」の積極的意味―

英語の表現に、Nothing comes of nothingという成句があります。「何もないところからは、何も生まれない」という意味です。それでは「無」が「無」で終わってしまい、「何も生まれない」「何も起こらない」ことになります。これに対して東洋では、この「無」に積極的な意味合いを付与するのです。

すなわち「無」には二つの意味があります。一つは「有」に対するもので、「モノ」や「コト」が存在しないという意味です。言い換えれば「非有」の「無」といってよいでしょう。もう一つは「有」と対をなさない「無」です。「有」と「無」を超えた「無」ともいえます。この「有」と「無」を超えた「無」は、一段次元の高い「無」で、「有」は、その次元の高い「無」から生まれるという考え方です。それが東洋の考え方で、積極的な意味合いを持つ「無」であります。「有」の根源になる「無」なのです。

その他、「無」には「無我」とか「無私」とかいう表現もあります。「わがまま」という言葉がありますが、「無我」は、そういう「わがまま」を捨てることです。「無私」は私心を捨てることで、「無我」と同義です。「無心」も「邪念のない」ということで、「無私」「無我」と同じ意味にもなりますが、遠慮なく（心を無にして）「ものをねだる」という意味にもなり、そうなると逆に「邪念」の意味になってしまいます。

以上が「無」の積極的な意味合いですが、「無」はしばしば「空」と同じ意味で使われ、「無」と「空」という対句として用いられます。さらに「無」は次章でとり上げる「道」とも同義に用いられます。先に引用した老子の言葉はその一例です。

―「有の文化」「無の文化」―

一般に、西洋の文化が「有」の文化であるのに対し、東洋の文化は「無」の文化といわれます。あるいは東洋が「無」の思想、西洋が「有」の思想といってもよいのかも知れません。西洋では、ギリシャ・ローマの時代から現在に至るまで、形があり色もある、目に見えるものが実体のあるものとして重視されてきました。

「所有」とか「所有権」とかが重要視され、また「有」が拡大されると「力」になるということで、人間も国も、「有」の確保・拡大を志向してきたといえます。逆に、「無」からは何も出てこないということで、「有」が「無」から生ずるとか、「有」を生ずる「無」といった発想はみられませんでした。

これに対して東洋では、インドでも中国でも、また仏教でも道教でも、まず「無」が根底にあり「有」は「無」から生ずるという考え方が有力でした。「有」は不変のものでも確実なものでもなく、頼りにはならないものという意識が背景にあったと思います。その意味で東洋では西洋と異なり、「無」は「有」より意味の深いものとして位置づけられていたといってよいと思います。

更に日本では、前述したとおり「有」の不確実性・可変性を一歩進めて、「有」を「無常感」「はかなさ」と結びつけていたのも特記すべきことといえます。所詮、この世ははかないもの、仮の姿のものというわけです。

もちろん東洋にも、「有」を積極的に位置づける考えもありますし、西洋にも近代に入ってのニヒリズム（虚無主義）のように、東洋の考え方に相通ずる考え方もあります。ただ全体としてみると、文化の面、思想の面で「有」と「無」についての考え方の相違が東洋と西洋にみられます。

―禅、他に類のない宗教―

この「無」と「空」の考え方が顕著に打ち出されているのが、大乗仏教の一つである「禅宗」の教えです。禅はインドで誕生し、中国に渡って大きく発展し、日本でも定着しました。「ダルマ」さんの玩具で親しまれているインドの僧、達磨《だるま》大師が中国で禅を広めたので、達磨大師は禅宗の開祖といわれています。

禅には、世界の宗教の中でもユニークな点がいくつかみられます。宗教は大部分が神仏への信仰、神仏による救済を基本としていますが、禅宗には、神仏への信仰も神仏による救済もみられません。また「天国」や「浄土」もありません。

禅宗の解脱《げだつ》は「悟り」ですが、悟りは、自らの修行や座禅を通して自らが得るものです。神仏もない、祈りもないということで、禅宗は宗教でないという人もいます。少なくともユニークで、他に類のない宗教であるといえると思います。

座禅は無念無想で静思静座しますが、これが大変なことです。無念無想になろうとすること自体が、既に無念無想ではないのです。座禅の前身であるヨーガ(サンスクリット語で「瞑想」の意)は、古代インドからおこなわれていたことですが、現代科学はこの座禅に関心を持ち、座禅を心理分析、精神分析する研究が進められています。

「天国」もない、「浄土」もない、すなわち「来世」のない宗教ということで、禅は現世を重視する宗教、現世主義ともいわれます。「悟り」は現世で得ることができ、来世での救済を求めるのではなく、現世が大事である、現世を大事にするというわけです。

―日本の禅宗、文化との結びつき―

禅宗が日本に到来したのは七世紀中頃以降といわれていますが、本格的に日本に定着したのは平安時代の末期です。十二世紀末から十三世紀にかけて、京都と鎌倉に、中国・日本の禅僧によっていくつかの禅宗の寺院が開設されました。

鎌倉時代になると、政治の実権が平安時代の公卿から武士に移り、武士階級の地位が確立・定着しました。禅宗はこの武士階級に急速に浸透し広まっていきました。「無」と「空」の思想に基づく禅宗が、質実剛健を旨とする武士階級とうまく合致したからです。

一休さん、沢庵さん、良寛さんなど、一般に親しまれた禅宗のお坊さんも出て、江戸時代に至るまで、禅宗は日本の社会に深く関わってきました。特に文化・芸術の面で、禅宗との結びつきが密接であったことも特記事項の一つです。

まず茶道との関連です。既に述べたように、茶道は室町時代から安土桃山時代にかけて「侘び茶」が確立し、「茶禅一味」ということで、禅と茶道の一体化が図られました。因みに平安時代の末期、臨済禅を日本にもたらした栄西禅師が、帰路、茶の苗木を持ち帰ったのが、茶が日本で広まるきっかけになったと伝えられています。

書道も絵画も、禅とは密接不可分の関係にあります。禅僧の描く書は、従来から特別の趣のあるものが多く、今でも掛け軸や色紙など身近に置かれています。また、禅の「公案」（座禅の際、参禅者に与えられる課題）を描いた「禅画」などは、まさに、禅と一体のものです。

禅寺にある枯山水の庭園は、それ自体が禅の公案のようなもので、座禅を組むにあたって、最高の場を提供します。人が混んでいるときはべつですが、京都・龍安寺の石庭に一人静かに座っていると、一種独特の雰囲気が伝わってくるのも、禅との関わりの一例といえます。

―禅との出会い、自らの回顧―

我が身を顧みて、禅との出会いの影響が大きかったと思っていますので、私事になりますが、禅との出会いを簡単に紹介させていただきます。

私は、一九四七年に始まった新制中学の第一期生で、横浜にある私立の浅野中学・高校で六年間学びました。のびのびとした校風で、当時からクラブ活動との両立が図られ、私は弁論部に属しました。宗教や人生論に関心を持つ中で、中学三年のとき、父の紹介で、鎌倉の円覚寺で参禅することにしました。

最初は、臘八大攝心《ろうはつおおぜっしん》の一夜だけの参加でしたが、その後は、学生攝心などの座禅会によく参加しました。高校生ということもあったと思いますが、当時の円覚寺管長・朝比奈宗源老師に親しくご指導いただきました。大学を卒業して、外務省勤務になったことをお伝えすると大変喜んでいただきました。

その後、外国との往復生活が続いて参禅は中断しましたが、半世紀あまりにわたる長い外国との関わりの中で、禅への関心は続き、「日本の感性と東洋の叡智」という今回のテーマは終始、私の脳裡を離れませんでした。そして四十年間の外務省勤務ののち、国立京都国際会館で、国際会議の誘致・運営の仕事に携わることになり、京都で禅への関わりが再開し、日本伝統文化への関心が高まった次第です。

禅との出会いで得たことは顧みて色々あります。その中で大きいと思うことは、現状肯定というか、何でもよい方に解釈する習性ではないかと自分では思っています。この行き方も良い、あの行き方もよいということで、考え方に幅ができたのではないかと思います。落胆したときも失敗したときも一休みし、一呼吸し、考えようによってはこれも自分にとってプラスになると思うと救われます。

―先端自然科学との接点―

歴史の古い禅の思想、「無と空」の考え方に、最先端の自然科学との接点・共通点がみられるのは、極めて興味深いことです。それまで「有」の世界、論理の世界で発展を続けてきた自然科学と、古代の東洋の思想に共通点があるとは、通常では考えられないからです。

中国の「気」は、道教を中心に古来「万物の根源」とされてきたわけですが、これが最近の自然科学で「エネルギー」と極めて類似していることが指摘されています。これは偶然とはいえないくらいよく似ていて、しかも二〇〇〇年以上も隔たりのある結びつきなのです。

この質量のない「エネルギー」から、地球をはじめとする質量のある宇宙の物体が生まれたとする「ビッグ・バン」の現象は、「無」から「有」が生ずるとする東洋古来の思想に共通する、最も基本的な事例であります。

電気のプラス（陽）とマイナス（陰）も、既に中国古来の陰陽二元論に表れていて、これが後追《あとお》いで科学的に実証されたということになります。これも興味深いことです。

さらに注目すべきことは、最近の自然科学自体がこれまでの論理の世界を超えて、直観・霊感・インスピレーションといった感覚の世界と、より密接に結びつきつつあることです。

これは現代自然科学の一つの特徴であるといってもよいと、私は思っています。

最近、自然科学者の間でもセレンディピティ serendipity ということがよく話題になります。これは「偶然のきっかけが大きな発見につながる」ということで、これも論理を超えた話です。これらは直観を重視する、東洋の思想・禅の思想と一脈相通ずるものがあるように私には思えます。

自然科学だけでなく哲学の世界でも、「西田哲学」で有名な西田幾多郎氏は、「絶対無」ということを唱えていますが、これも東洋的な考え方と密接に関連していると一般にみられています。

―「無と空」の世界、今後の展開―

欧米でも、無の思想は、二〇世紀になって、ハイデガー、サルトルなどによって関心を持たれ研究されました。また、ニーチェなどのニヒリズム（虚無主義）も生まれました。このように「無と空」の世界は西洋でも関心と興味を持たれるようになりました。

六〇年代に私はニューヨークにおりましたが、禅は米国でかなりの関心を集めていました。また現在、京都でみていると、座禅を組む外国人の数は着実に増えているようです。これからも禅、そして「無と空」の思想はますます世界の注目と関心を集めていくと私は確信しています。

さらにこれからは、論理の世界と感覚・感性の世界とが結びついて、両者が一体となる、両者が連携するように思われます。これはまさに、論理を重視する西洋と感覚・感性を重視する東洋との一体化・連携化に通ずるもので、これからの東洋・西洋の関係の新しい局面に関わるものといえます。

また、よく理系とか文系ということが話題になりますが、これからは「学際的」multi-disciplinaryなアプローチも重要になっていくと思われます。すなわち理系、文系といった縦割りの学問ではなく、より総合的な視点が求められるわけです。

「有」と「無」の関係についても、「有」と「無」との対比あるいは「有」を生ずる「無」という考え方をさらに一歩進めた、「有」と「無」の関係の新たな局面がでてくるような気もします。

そしてこのことは、これまで「有」の文化とされていた西洋と、「無」の文化とされていた東洋との関係にも影響をもたらし、適当な表現が思い浮かびませんが、「有」即「無」といった「有」と「無」の新たな考え方がでてくるような予感もします。これはまさに、「有の文化」と「無の文化」が一体となった、「色即是空　空即是色」の現代版です。

自然との共生・一体化、環境重視は東洋の発想

―自然への対応、洋の東西の比較―

東洋と西洋を対比する例としてよく引用されるのが、自然への対応の仕方です。西洋は、自然は人間のためにあるもので、自然を開拓・開発し、人間のために利用するという考え方です。これに対して東洋では、自然は人間と相対するものではなく、人間は自然に適応しながら自然を活用していくという考え方です。

この西洋の考え方は、十八世紀後半からの産業革命を通じて顕著になったものと私は思っています。それ以前の西洋では、ギリシャ・ローマ時代から中世にかけて、むしろ「自然法」の考えが強く、人間も国家も自然も、自然法という大きな秩序の中で位置づけられていると考えられていました。それが産業革命を通じて、自然は人間のためにあり、自然を開発して利用すべしとの考え方が前面に出て、これが近代化の発展・確立の重要な背景になったといえます。

同時に、自然法的な位置づけから人間が解放されて人間の主体性が強調されました。これ

がルネッサンス（人間復興）で、その後の自由民主主義の尊重、人権の確立など近代化の推進につながったのです。

これに対して東洋は、できるだけ自然に逆らわず、自然とうまく共存・共生し、その中で自然を取り込んで利用していくというスタンスです。これは、西洋社会が狩猟民族的であり、東洋社会が農耕民族的であることとも関連するとの見方も一般的です。

自然は英語でnatureです。その形容詞「自然な」はnaturalで、naturalと対《つい》になる言葉はartificial「人工的」となります。東洋では「人工的」より「自然な」ものが重要視され、自然との共存・共生が大切であると考えられてきたわけです。

―産業革命の進展と近代化の推進―

産業革命は、一七六〇年代に英国で始まり、一八三〇年頃から欧州各国に広がりました。この産業革命は、科学技術の発展と相まって、人類の文明史上、画期的な影響をもたらしました。これによって、それまでの農業中心社会から工業・産業社会へと様変わりし、生産規模・経済規模の飛躍的な拡大がみられたわけです。

鉄道・船舶の発達、通信手段の進歩を通じて、距離の隔たりが大幅に克服されました。また、石炭、ガス、石油などのエネルギー資源の活用により、産業はもちろんのこと、生活水準、生活内容も大きく変わりました。まさに、十九世紀から二十世紀にかけて、科学・技術、物質文明を謳歌する時代が出現しました。

自然との関係でいえば、当時はまだ未開発の自然も多く、地域的にも開発可能な土地や資源が豊富にあったことも、産業革命を可能にした背景にあったと思います。このように、西欧で始まった産業革命は、植民地化の進行とも相まって、世界全体の自然開発・自然利用に大きな影響を与えました。

同時に、この科学技術の発展と産業基盤の変革は、社会構造の変化をもたらしました。手工業的な作業場に代わって大工場が次々と設立され、多数のいわゆる賃金労働者が出現しました。これが資本主義の成立であります。

それとともに政治面では、共和制、自由民主主義思想の台頭、人権確立への動きなどがみられ、近代化が推進され確立することになります。このように、産業革命を通して、自然と人間との関係は、人間が大きく前面に出る形で変化しました。

―環境問題の発生―

十九世紀から二十世紀にかけて、産業の規模は飛躍的に増大しました。科学技術の発展には目を見張るものがありました。その中で自然の開拓と開発は大幅に進行しました。自然はどんどん人間のために利用されました。その結果、自然が色々な面で変化し、変貌することになったのです。

その変化や変貌に伴って、人間や生物をとりまく環境にマイナスとなったり、自然環境が破壊されることが出現しました。これが環境問題の発生です。二十世紀後半になって、この環境問題が世界の注目を集めるようになり、一九六〇年代頃から先進工業国の国際組織であるOECD（経済協力開発機構）でもこの環境問題がとり上げられました。

一九七二年には、ストックホルムで国連人間環境会議が開催され、「人間環境宣言」が採択されました。その後、「世界人口会議」「国連人間居住会議」「国連水会議」「国連砂漠化防止会議」「国連防災世界会議」など、一連の環境問題に関する国際会議も開催されました。

環境問題は、大気汚染、海洋汚染、水質汚濁、有害廃棄物、地球温暖化、オゾン層破壊、酸性雨、熱帯雨林減少、砂漠化、土壌浸食、野生生物の減少・絶滅、騒音・悪臭など極めて多岐にわたり、今や世界が直面する緊急重要課題の一つとなっています。しかも、環境問題の多くが一国だけで解決できず、国境を越えた国際協力や国際的な取り組みによって対応しなければならず、それが問題の複雑さを増す要因となっています。

一例を挙げると、私が国立京都国際会館の館長に着任したのは、地球温暖化防止の「京都議定書」が採択された直後で、その余韻と熱気がまだ残っている頃でした。COP3と呼ばれる会議で、徹夜が続き、大変な交渉でした。当時環境大臣として会議に参加したドイツのメルケル首相が、数年後、国際会館を訪れ、案内役の私に交渉の大変さを懐かしげに話されたのが印象に残っています。

—環境配慮は東洋の発想—

環境問題は、産業革命以降の産業の発展、自然の開拓・開発によってもたらされました。自然は人間のためにあるものであり、自然の開拓・開発は人間のため、人間の生活向上に資するのであればどんどんやってよいとの考えが背景にあったわけです。しかしその過程で自然破壊が発生し、行き過ぎがみられるようになると、「これは大変だ」ということで環境問題が起こったわけです。その意味で環境問題は、人間がつくり出した問題です。

これに対して東洋では、人間は自然に適応しながら、自然をうまくとり込み自然を活用していくという考え方です。その意味で、環境配慮はむしろ東洋的な考えであり、東洋の発想といってよいと私は思っています。

自然環境は自然の摂理によって保全され、推移するものです。これを大切にしていくというのが東洋のスタンスです。もちろん東洋でも自然の開発・開拓は多々ありますが、全体としてみると西洋の、特に産業革命以降の状況と比べると、自然との共存・共生を図っていく姿勢が強いといえると思います。

この自然との共存・共生の重要性を、西洋でも改めて認識・自覚したというのが、環境問題の本質です。その意味で環境配慮は時代の要請です。その点では先進工業国はもちろん、開発途上国でも事情は同じです。

開発途上国の一部には、先進工業国が途上国に環境配慮をおしつけるのはけしからんとし、自分たちは環境配慮にこだわることなく、開発優先という先進国の歩んだ道を進んでよいとする意見もみられます。その気持ちはわからなくもありませんが、現状はやはり、途上国も含めて国際社会が全体として、環境問題に取り組むことが肝要となっています。

―日本の環境協力―

日本は第二次大戦後、一九五〇年代から六〇年代にかけて、高度成長期を迎えました。その発展は目を見張るものがあり、世界の注目を集めました。しかしその高度成長に伴い、大気汚染をはじめとする公害が大問題となりました。卑近な例を挙げれば、東京から晴れていればよく見えていた富士山がすっかり見えなくなりました。そこで一九六四年の東京オリンピックを控え、排気ガス対策に精力的に取り組みました。その結果、七〇年代には富士山が東京から再びよく見えるようになりました。現在でも、日本は空気汚染度では世界で低い国の一つになっています。その他の公害対策などの面でも進展をとげました。

この経験を活かし、日本はODA供与にあたって環境面を重視するようになりました。日本の経験を是非、途上国に伝えようというわけです。日本は、一九九〇年代は米国を抜いて世界第一のODA供与国になりましたが、その中で環境協力に力を入れるようになったのです。日本の二国間ODAのうち、四・五十パーセントが環境への貢献を目的とするプロジェクトになりました。※出典：二〇一九版　開発協力参考資料集（外務省国際協力局）

多くの途上国に、環境問題についての研究センターや研修センターを設置したり、環境問題の専門家を育てる人材育成にも積極的に協力しています。また緑地化、砂漠化防止、熱帯雨林保護などについての協力プログラムも数多く実施しています。このような環境分野での協力に加えて、個々のプロジェクトが環境を破壊しないよう、関係途上国とも協議しながらODAの実施が進められています。今後ともこの環境重視の方針が日本のODAで引き続き堅持されることが望まれます。

―自然との一体化、人間は自然の一部―

自然との一体化とは、自然との共存・共生から一歩進んで、人間は自然の一部であるとの考え方です。人間は自然の外にあるものではなく、また自然は人間の外にあるものでもありません。人間も生物も、またこの世のあらゆるモノ・事象も、全て自然が包含しているということです。

この考え方では、動物も植物も自然を構成する一部で、人間とは同じ「仲間」になるわけです。動物を手元に置いてペットとして可愛がる人を多くみかけます。動物を可愛がるということでそれはそれでよいのですが、動物を愛玩の対象としているケースも多く、その場合は「仲間」としての位置づけとは異なります。

植物についても、成長する「生命体」として位置づけると、「仲間」として大切に扱うようになります。生物だけでなくモノについても同様で、同じ自然を構成する「モノ」とするとその扱いは変わってきます。人間のためにある自然も、もちろん大切に扱わないといけませんが、「仲間」となるとその取り扱いは一味違ってきます。

これは自然を尊重し、自然のままを大切にする東洋的な考え方です。この考え方からは環境問題は生じません。同じ自然を構成する「仲間」を、人間が人間の都合で傷つけ、壊すことは考えられないからです。

仏教では、仏教徒の守るべき戒律として五項目を挙げていますが、その第一は「不殺生」で、みだりに生き物を殺してはいけないとされています。また、宗教上の理由から菜食主義も多くみられます。これも人間は自然の一部であり、生物は人間の「仲間」であるとの考え方に関連しているといってよいでしょう。

―「おのずから」と「みずから」―

「自然」の「自」は、「自分」「自我」の「自」でもあります。「自ら」が、「おのずから」と「みずから」と二通りの読み方があるのも、興味のあることです。「おのずから」は、「自然に」

で、人の意思や人の所作が入らないことで、「自然の成り行き」を示します。他方、「みずから」は、「自分」の積極的な意思の表明で、読み方だけでなく、意味も違います。そして、さらに興味のあることは、この「おのずから」と「みずから」が、時により、区別されずに使われる場合があることです。

日本では、「就職することになりました」とか「結婚することになりました」という表現をよく使います。「就職」も「結婚」も、通常は、自分の意思で決めるものですが、自分の意思を前面に出さないで、自然の成り行きで「就職することになった」「結婚することになった」などというわけです。すなわち、自分の意思を表に出さずに、人間の意思と自然の成り行きとを一緒にしてしまうのです。これは、日本的な表現方法で、自然と人間との一体化を側面的に示す例ともいえます。

せっかく「自ら」に「おのずから」と「みずから」という二通りの読み方があり、二つの意味があるにもかかわらず、日本では、このように「成り行き」を前面に出して「自ら」の意思を「成り行き」の中に埋没させてしまうのです。しかし、人間が自然の一部であっても、自らの意思が自然と共生することは十分あり得ることです。

私は、この「みずから」と「おのずから」を、バランスをもって位置付けることが大切であり望ましく、そこに「自ら」という言葉が、「みずから」と「おのずから」と、二通りの読み方を待つ意味合いがあると思っています。

―生態系研究の推進―

最近、生態学、生態系という言葉がよく話題になります。英語ではそれぞれecology, ecosystemです。いずれも以前から使われている言葉ですが、特に近年、この生態系の研究が欧米で盛んになり、重要視されてきています。生物が生きていくには生きるための条件があり、これを確保することが必要ですが、最近、生物の多様性の視点、環境問題の視点などから、生態系が注目されてきているというわけです。

数え方にもよりますが、現在、地球には少なくとも五百万から三千万種の生物が存在するといわれています。この多種多様の動植物が相互に関連し合って存在しているのです。多種多様で多数の生物が存在するのですから、全体として、あるいは相互に調和しバランスを取っていくことが肝要です。これが生態系研究の重要な点であると私は思っています。

動物が酸素を吸って二酸化炭素を出し、植物が二酸化炭素を吸収して酸素を出す、これはまさに持ちつ持たれつの典型的・基本的な関係です。その他にも動物相互間、植物相互間、動物と植物の間で、多岐にわたる相互関係・相互依存関係が研究され、明らかになっているとのことです。特に絶滅の危機に直面している生物の保全・保護については、国際的な枠組みが構築され、日本も含め、国際的な取り組みがおこなわれています。また、熱帯雨林の減少、砂漠化の進行についても、国際協力が推進されています。さらに生態系全体の環境保全も大きな課題となっています。

私は、この生態系保全ということが本来、東洋的な発想であると思っています。東洋で、古くから関心を持たれていたことが、今や広く世界的に関心が持たれ、国際的な規模と枠組みでとり上げられていることは喜ばしいことです。

―自然の拡大、地球から宇宙へ―

二十世紀は、宇宙が解明され、拡大した世紀といえます。それまでは、太陽系を中心とした宇宙でしたが、二十世紀になって宇宙は大きく拡大し、ビッグ・バンの理論によって、宇宙の起源なども明らかにされました。太陽系のような存在が他にも多数あり得るとされ、地球のような生物の存在が推定される天体の可能性も解明されました。

最近の天文学、宇宙研究には目覚ましいものがあり、二十一世紀は、宇宙が更なる広がりを示す時代になると思われます。それに伴って、「自然」もこれまでの地球上の事象を中心とするものから、宇宙を視野に入れたものになるのではないか、という気がいたします。

その点で興味のあるのが東洋の「天」の思想です。「天」は、サンスクリット語で宇宙の最高原理を意味する「梵《ボン》」に由来します。中国でも「天」は古くから中国思想の根幹をなすものでした。『詩経』や『書経』にも「天」について言及がありますし、老荘思想でも「天道」を万物の根源と位置づけています。孔子も天地万物の本源、万有を支配する力は「天」としています。仏教でも「天」は「天道」として、輪廻六道の最上位に位置づけられ、神道では「高天原《たかまがはら》」は神々がいて、全てを司《つかさど》るところとされています。キリスト教やイスラム教の一神教でも「天国」はありますが、これは信仰によって人間が救済される場所ということで、東洋でいう万物の根源、自然の摂理を司る「天」とは意味が違います。

このように、現代の自然科学は、「自然」を宇宙まで拡大してきていますが、東洋では、自然の摂理を司る概念として、早い時点から「天」が語られ、自然と「天」とが一体になっているとの考え方でした。

第七章

日本の感性と東洋の叡智の結びつき

「東洋の叡智」には、日本元来の「日本の感性」と結びついて日本に根付いたものが数多くみられます。本章では、このように「日本の感性」と「東洋の感性」が結びついたものを三つのカテゴリーにまとめました。第一のカテゴリーは、「自らに目を向け、自らに厳しく」として、「自粛」「謙譲」「もったいない」「勤勉」などを、第二のカテゴリーは、「内面の重視と本質の見極め」として、「道」と「こころ」、それに「茶道」「柔道」「武士道」などを、第三のカテゴリーは、「関係重視の発想」として、「世間」「縁」「面目」「恥」「義理人情」の五項目をとり上げます。

「自粛」「謙譲」「もったいない」「勤勉」―自らに目を

―自らに目を向け、自らに厳しく―

日本では、事故とか何か行き違いがあると、まず自らに目を向け、自分に落ち度がなかったかを省みる人が多いようです。自らに厳しくというスタンスです。これに対して西洋では、まず相手に目を向けるというのが私の印象です。西洋では契約社会が確立していて、権利義務関係が重要です。したがって、自分が不利にならないようまず相手に目を向けるのです。

外国に行く日本人に対して、もし外国で自動車事故にあったら、こちらから"I am sorry"といわないようにとアドバイスするとの話をよく耳にします。"I am sorry"といってしまうと、こちらの非を認めることになるわけです。

これとは逆の話ですが、日本人は謝り上手だ、という話も外国人からよく聞きます。一日に何回「申し訳ない」「ごめんなさい」「すみません」というか、数えきれないというのです。確かに、自分が悪いと思っていなくても謝りの言葉が出ます。とにかく騒がせたのだから、ひとまず謝っておいて良し悪しはそれからということもありますし、すぐ謝れば一件落着するかと思って謝る場合もあるでしょう。中国でも『論語』に「日に三度わが身を省《かえり》みる」とあり、古典的処世哲学書である『菜根譚《さいこんたん》』には、「他人の過《あやま》ちには寛大に、自分の過ちには厳しく」という一節があります。

このように、何か問題が起こったときまず自らに目を向け、自らに厳しくというのは、東洋的発想で、契約社会、権利義務関係を基盤とする西洋とは対応が異なります。まず自らに目を向けるという対応は、中国でも日本でも色々な局面で現れます。

―中国における「仁」と「礼」―

中国では、儒教が「人の道」を説きます。孔子が重視しているのが「仁」と「礼」です。『論語』には、「仁」に関する話は数多くありますが、特に「定義」のようなものはなく、解説書では「仁」は「人間の持つ本来の博愛の情で、全ての道徳のもと」となっています。

「礼」については、孔子は「柔軟であっても、慎み深くても、勇気があっても、正直でも、礼がなければならない」ということで、「礼」を高い道徳理念に位置付けています。また「己を克服して礼に復すれば、天下は仁に帰す」と、「仁」との関係についての言及もあります。

「人の道」については、先に引用した『菜根譚』にも、処世訓が具体的に数多く記されています。私は、京都で十数人の小さな読書会に属していて、『論語』と『菜根譚』を、それぞれ数年ずつかけて読む機会がありました。

このように、まず我が身を正し、我が身を整えるという考え方は、ともすれば相手に要求したり、相手に求めたりしがちな契約社会の生き方とは対照的です。また、「仁」と「礼」による秩序は、権利義務関係や法による秩序とは異なるものです。

―「自粛」「けじめ」「たしなみ」「わきまえ」―

中国と同様、日本でも「人の道」「人の生き方」についてまず「自らに目を向け、自らに厳しく」との指摘や表現が随所にみられます。一例を挙げると、吉田兼好の『徒然草《つれづれぐさ》』には「自分を知らないでいて、他を知る道理はあるはずもない」との趣旨の一節があります。これも、まず自らに目を向けるとの趣旨です。

ここでは、古くからいわれている日本的な表現である「けじめ」「たしなみ」「わきまえ」と、最近諸外国からも注目されている「自粛」を挙げたいと思います。前三者はいずれも含蓄に富む大和言葉です。辞書によると、「けじめ」は「道徳や慣習として守らなければならない区別」、「たしなみ」は「起居動作に際しての心がけ」、「わきまえ」は「物事の道理を十分承知していること」となっていて、いずれも自らの発意による所作の仕方、心がまえの話です。「自粛」は、コロナ危機での日本の対応として国の内外で話題となりました。強制や罰則で禁止したり、監視で抑圧したりするのではなく、各自、自らの発意で行動を自制するということです。

この他、仏教に由来する「分別」も、日本では「道理をわきまえること」の意味で日常使われます。さらに「自戒」「自重」「自制」「自省」「自律」など、「自ら」に目を向け対処する言葉は多数あります。

日本人の身の処し方で、ここで指摘しておきたい特徴は、「身の処し方」を考えるうえで「他人がどう思うか」を気にし、判断にあたって重視することです。これは次章でも改めてとり上げますが、日本人の「身の処し方」で注目される点といってよいと思います。

これと関連することですが、日本ほど、自国人による「自国人論」が多い国も珍しいと思います。もちろん外国人による「日本人論」もありますが、書店に行くと日本人の「日本人論」が何段にもわたって棚に並べられています。これも目を自分に向け、自分に対する他人の目を気にする、日本人の性向の表れといってよいでしょう。ただしほとんど全てが日本語で書かれていて、日本ないし日本人を外国人に紹介する、日本人による外国人向けの「日本人論」が少ないのが気になります。

―「修身」、身を修める―

「身を処する」うえであらかじめ「身を修める」ことも重要です。すなわち、前もって自らの行いを正《ただ》し整えておくということです。これも東洋で重視されていることです。「修養」「修行」「修業」も同じ意味で、「自分に目を向ける」ことの帰結です。『論語』に、君子は「己を修めて敬《つつ》しみを信条とし、己を修めて人を安心させる」という趣旨の表現があります。

また、儒教の書『大学』には、「国を治めるには家を治めなければならず、家を治めるには身を修めなければならない」というよく引用される一節があり、これも、「修身」の重要性を指摘したものといえます。

日本では「修身」というと明治以降、第二次大戦中まで続いた学校教育の教科を連想させ、マイナスのイメージがありますが、人として人の道を修めることの重要性は古来変わるはずがなく、新たな視点で、「修身」を考える必要性があると思っています。

なお、私は最近まで京都の大学で「国際儀礼研究」という講義を十年あまり担当していました。せっかくの京都での授業なので、社会の円滑化を主眼とする欧米の「儀礼」に加えて、「和」の「儀礼」についても、できるだけ言及するように努めました。「和の儀礼」は、身の処し方、身の修め方に関連するものが多く、これを通じて、日本を含めた東洋の考え方についての理解を深め、若い人たちに日本と東洋について世界に発信したい点を知ってもらいたかったからです。

―「自由と規律」―

ご記憶の方が少なくなっていると思いますが、戦後間もない頃、英国のパブリック・スクールについて書かれた、池田潔著『自由と規律―イギリスの学校生活』という本が、日本でベストセラーになりました。当時、高校生になったばかりの私も読んで大きな影響を受けました。厳しいスパルタ式の教育の中で、自由と規律の精神が育《はぐく》まれる過程がよく描かれています。当時、ともすれば自由放任に流されがちの時代の風潮に一石を投ずるものでした。自由と規律が両立し、自律と自立がともに達成される教育は、今でも示唆に富むものです。印象的であったのは、学校が、知識吸収の場というよりは、生活する場として「身を修める」場とされていたことです。

偶々《たまたま》、私自身も中高一貫の男子校に在籍していました。クラブ活動との両立が図られ、のびのびとした校風でもあったので、旧制高校ばかりのバンカラ学生を自任し、英国のパブリック・スクールを思い浮かべながら中高生活を過ごしたのを覚えています。現在、私はこの出身校の同窓会会長を務めていますが、日本の教育、特に成長期、人格形成期である中高時代の教育の重要性を痛感しています。

「自由」というと、何からも束縛・制約されない「自由」を連想しがちです。英語のfreedomやnon-interferenceは、そのニュアンスが強いと思います。確かに、長い間かけて得られた「自由」ということで、「解放」が前面に出ることもよくわかります。しかし「自由」には責任と自律が伴います。禅の哲学の主唱者である鈴木大拙師は、西欧的な「自由」が束縛からの解放であるのに対し、東洋の「自由」は、本来、創造的なもので、「おのずから本来のものが湧き出る」という意味であるとしています（私の記憶では、中学か高校時代に鎌倉円覚寺で同師のお話を伺う機会がありました）。

「解放」の自由にしても、「創造」の自由にしても、「自由」は自由放任で、何をしてもよいということではなく、自律と責任の伴うものという点では、洋の東西を問わず一致していると思います。

―「中庸《ちゅうよう》」と「中道《ちゅうどう》」―

「中庸」と「中道」は、ほぼ同じ意味で使われることが多いようです。いずれも東洋の考え方ですが、経緯としては、「中庸」は中国、特に儒教に由来する言葉で、他方「中道」は主として仏教で使われてきた言葉です。

「中庸」は、儒教の古典の一つである、『中庸』という本の題名にもなり、また『論語』にもでてきます。論語では、中庸の徳は道徳のうちでこの上ないものと位置づけられ、『中庸』では、喜怒哀楽などの感情が出てくる前の状態を「中」といい、この「中」が「中庸」で「万物の根本」であるとしています。

仏教でいう「中道」は、「極端に走らず、中ほどを行く」という、悟りを開いた釈迦の基本的な教えの一つとされています。「中道」とは、適正で公正な行き方で、そこでは「加減」を知ることが重視されます。すなわち、バランス感覚が重要であるということでもあります。

「中道」も「中庸」も、大事な点は、足して二で割るのではなく、また道の中間線でもないということです。両極端に走らず、適正・公正であるということがポイントです。「中道」「中庸」というと妥協の産物であり主体性に欠けるとの批判がありますが、私は両者はむしろ主体的、積極的な概念であると思っています。

すなわち両者には、時系列的な関係はありませんが、「正反」という二つの異なるものから発展して、「合」という一段高いものが生ずるとする、西洋の弁証法的発展にも通ずる概念であると思っています。併せて、この「中庸」と「中道」には、バランス・調和を重んじる「和の文化」に通ずるものがあることは興味深く、前述の『中庸』でもその点が言及されています。いずれにしても、この「中庸」と「中道」は日本の社会に浸透し根付いています。

―「謙譲の美徳」「謙虚」「謙遜」―

謙譲も謙虚も謙遜も、日本ではよく使われている言葉ですが、中国語の辞典には、「謙虚」しか載っていませんでした。したがって、「謙譲の美徳」は、表現としては日本だけでいわれている言葉かもしれません。日本では敬語に尊敬語、丁寧語とともに謙譲語があることもユニークなことです。

言葉の意味としては、「謙」も「譲」も「遜」も「へりくだる」「ゆずる」の意味です。「虚」は「むなしい」ですが、「已れをむなしくする」ということから「謙虚」の意味がでてきています。「謙遜」も「謙虚」も、自分が一歩退《しりぞ》き、一歩下《さ》がって人間関係をよくするということで、

「謙譲の美徳」に通じます。

西洋的な考え方では、「ゆずる」は譲歩で、敗北につながるとの見方がより一般的です。しかし、東洋では、「ゆずる」は「譲歩」も含めて敗北ではなく、一歩下がって飛躍につなげるという、むしろポジティブな概念として捉えることがしばしばです。

中国でも、前述の『菜根譚』には、「径路窄《けいろせま》き処は、一歩を留めて人の行くに与《あた》え、滋味の濃《こま》やかなものは、三分を減じて人の嗜《たしな》むに譲《ゆず》る」のが「世を渉《わた》る極安楽《ごくあんらく》の法」との一文があります。

「相手を立てる」「相手を大切にする」は、第四章でも触れましたが、東洋の考え方でもあります。「ゆずる」をネガティブな意味に捉えずに、一歩譲って人間関係がうまくいき、それが自分にとってプラスになるという発想は、日本に根付いている「東洋の叡智」でもあります。「謙譲の美徳」は、まさにその表現であり、権利義務関係が先行する社会に発信したいことの一つであるといえます。

―「もったいない」「倹約」「節約」―

二〇〇五年でしたか、ノーベル賞受賞者で、環境保護運動の指導者である、ケニアのマータイ女史が国連の会議で、自らの名前に類似するとして、「もったいない」という言葉を引用し、「モノ」を大切にしようと訴え、大きな話題となりました。「もったいない」はいくつかの意味がありますが、ここでは、「有用なものが粗末に扱われて残念」という反語から転じて、「モノ」を「大切にする」「大事に扱う」の意味になります。

「倹約」「節約」は「支出を減らす」ことですが、何のために「支出を減らす」のかが重要です。貯金を殖やすため、旅行や家の建築にあてるため、などもありますが、東洋では、「モノ」を大切にすることが目的で、その結果として、「節約」になり、「倹約」になるというわけです。すなわち、「もったいない」と同じで、これも東洋に共通する日本の特徴の一つです。

『論語』では、「倹約」は「恭敬」「善良」「温和」「謙譲」とともに五徳の一つに挙げられています。また。「倹約」は「礼のもと」とも位置づけられています。これも、「モノ」を大切にするとの趣旨から出たものといえます。

現在、大量消費・大量生産の時代を迎えて、「モノ」を「大切にする」習慣がおろそかになってきているように思われます。一例を挙げれば、水不足に悩むアフリカの人が日本に来て、洗車で水をどんどん使い、流してしまうのを見て、信じられないという印象を述べていますが、これなどはもって銘記すべし、の例といえましょう。

せっかく「もったいない」という日本の言葉が世界で話題になり、しかも外国人の発言がきっかけになっていることでもあるので、この「もったいない」精神をもっと日本の国内で浸透させ、さらに大々的に海外に発信していくことが望まれます。

―「勤勉」と「生き甲斐」―

日本人の勤勉さは、世界でも定評がありました。明治時代以降の近代化の達成、第二次世界大戦後の高度経済成長をみて、「日本に学べ」「日本人を見習え」というのが、多くの国で話題になりました。その背景に、日本人の勤勉さがあったのはもちろんのことです。何故日本人は勤勉なのか、色々と理由はありますが、私は、仕事に生き甲斐を持っていたということも、一つの大きな要因であったと思います。

もう半世紀以上前の話ですが、国連総会出席で三ヵ月間ニューヨークに出張したときのことです。当時は出張手当も少なくホテル代も出ないような状況でした。米国人の現地タイピストから、何故そんなに働くのかとたずねられ、一瞬、返事に窮したことがありました。そのとき、私が何とか答えたのが、「使命感」でした。

仕事に生き甲斐を持つ背景には、終身雇用制とか人口密度の高い競争社会などの要因があったと思いますが、最近は大分事情が変わってきて、仕事に生き甲斐を見出す人が大幅に減少したように見受けられます。「甲斐」とはなかなか難しい意味で、「生き甲斐」も日本的表現といえますが、これから高齢化の時代を迎え、高齢者の「生き甲斐」は、特に日本で大きな課題になると思います。

「働くこと」、すなわち、「労働」「勤労」の意味合いも洋の東西で色々と議論があり、「勤労は美徳か」という命題についても色々な意見があります。「勤勉」も「生き甲斐」と同様、日本的な表現ですが、考え方としては東洋的な発想であります。

「道」と「こころ」―内面の重視と本質の見極め

―中国の「道」の思想―

中国の「道」の思想は、老子・荘子の「道教」の「道」と、孔子・孟子の「儒教」の「道」とに大別されます。「儒教」の「道」は、人として行うべき「道」ということで、道徳訓としての性格が強いとされていますが、『論語』には「朝《あした》に道を聞けば、夕べに死すとも可なり」とあり、単なる処世訓ではない、それ以上の意味合いが窺えます。

老荘思想の「道」は、『老子』に、「大道廃《だいどうすた》れて仁義あり」とあるように、孔子の思想とは対照的です。また、『老子』の別の箇所には、「道が語り得るものであれば、それは道ではない」とされ、道は感覚や言葉を超えた「万物の根源」と位置づけられています。

このように、中国の思想史は「道」を中心として始まり発展しました。「道」は、ある地点から別の地点に行く「道筋」ですが、「道筋」ということで、「道」にはいくつかの行き方があるということも示しています。

孔子の「仁義の道」も老子の「大道」も、思想として意味の深いものですが、その他にも「天の道」(天道)、「人の道」(人道)、また、仏教で阿含経《あごん》などにでてくる「中道」など、「道」は多彩です。なお、「道」は、中国語では、dào と発音し、英語では、tao と書きます。英語で「道教」は taoism ですが、「儒教」は、孔子(Confucius)の教えということで、Confucianism となります。

―日本における「道《みち》」―

一方、日本古来の「道」も、人の通る道、人の進むべき道という双方の意味があり、『万葉集』にもでてきます。したがって、中国での「道」と意味も相通じ、「道」という漢字と日本古来の「みち」とがうまく合体したといえます。

そして次第に、茶道・華道・香道・書道という日本特有の「道」が定着しました。茶道は、もともとは「ちゃどう」ですが、近年になると「さどう」とも読みます。また、「華道」は「花《か》道《どう》」とも書きます。

さらにスポーツ・競技の面で、柔道・剣道・弓道・合気道という言葉も広くいわれるようになりました。いずれも今や国際競技となって日本語がそのまま国際的に通用しています。

その他、日本では「道」は「道具」とか「道楽」とかユニークな言葉として使われています。「報道」なども日常用語ですが、よく考えると意味の深い言葉で、是非「道」という原点に沿った「報道」が、新聞、雑誌などのマスコミの世界でも、より一般的になることを望みます。

このように日本でも「道」は多彩に幅広い意味に発展しました。「道を外れる」とか「道《どう》化《け》役者」などもなかなか面白い表現といえます。

「道」は日本で歴史的にも現在でも色々な意味に使われていますが、現実の事象や行為を掘り下げ、その奥にある、もののあり方を考え、探《さぐ》るという点で共通しています。茶道もそうですし、柔道もそのとおりです。

―茶道・華道・香道・書道―

日本の伝統文化の中で、日常生活にも密接に関わり、身近な存在であるのは、茶道と華道といってよいと思います。茶を嗜《たしな》み味わう習慣は、もともとは中国に由来しますが、日本で「茶道」という言葉は十七世紀後半から十八世紀にかけて一般化したといわれています。茶道は、英語では tea ceremony として国際的にも定着しています。定着しているのでそれはそれでよいと思いますが、ceremony という言葉が必ずしも実態を表していないのではないか、との見方も一部にみられます。

華道も、日本の伝統文化を代表するものです。茶道と同じく「道」を付して、伝統文化の一翼を担っています。花を生ける、すなわち生け花（活け花）は、英語では flower arrangement ですが、逆に flower arrangement というと、日本のＩＫＥＢＡＮＡを指すほど、日本の華道は国際的に定着しています。

ある漢和辞典によると、「茶道」は、茶の湯によって精神を修養し、人に対する礼法を学ぶ「道」、「華道」は、生け花によって人間形成をはかる「道」と、「道」の「道」たる由縁が示されています。香道も同じく「道」のつく日本の伝統文化として、地道な活動が続けられています。

書道は、中国でもそうですが、日本では絵画と同様、芸術です。書の掛け軸はよく床の間に飾られます。欧米でも、penmanshipとか、calligraphyなど、文字を上手に書く技術という意味の言葉がありますが、これはあくまで「技術」で「書道」とは異なります。このように、茶道・華道・香道・書道のいずれもが「技術」ではなく、より深く「こころ」と結びつく行為であります。これが、それぞれに「道」という字が入っている由縁・背景なのです。

―柔道、剣道、弓道、合気道―

茶道・華道・香道・書道などの文化面だけでなく、スポーツの分野でも、柔道・剣道・弓道・合気道と「道」のつくものがあります。いずれも「柔術」「剣術」「弓術」「合気術」とは違って、「道」としての位置付けに関わります。競技となると勝ち負けを競うので、勝つことが何よりも優先されます。しかし、「道」となると勝ち負けだけでなく、勝ち方・負け方が重要になります。

このように、「競技」と「道」との間にはニュアンスの相違がみられます。「道」という視点からは、競技の面でも勝ちらしい勝ちで勝負が決まることが望まれます。特に柔道は、ＪＵ

DOがそのまま国際語になり、国際競技として確立・発展したものなので、本来の柔道らしい柔道が維持されるよう、日本の柔道関係者の国際場裡での活躍が望まれます。

弓道は「道」の中でも特に礼儀作法が重視され、室町時代に小笠原長秀の定めた日本の伝統的な礼儀作法の一派である小笠原流礼法と密接に関わっています。また柔道・剣道・弓道・合気道だけでなく、日本では武芸・武術一般も「武道」として捉えられています。

「文武両道」という言葉がありますが、「文」が学問・文学・芸能・芸術などの知的活動を指すのに対して、「武」は身体を鍛える運動・スポーツ一般を意味します。「文武両道に励む」「文武両道を鍛える」は人材の育成という日本の教育の目標でもあります。その意味で「道」は人材育成・教育にも密接に関わります。

―武士道、騎士道、紳士道―

新渡戸稲造《にとべいなぞう》氏の英文著書『武士道』(Bushido: The Soul of Japan)は、「義」「勇」「仁」「礼」「誠」「名誉」「忠義」など、日本の「武士」「さむらい」の色々な側面につき、外国人に説明・紹介した好著です。「武士道」は「さむらい」の守りおこなうべき「道」ということですが、「さむらい」を通して日本と日本人の精神的土壌がよく解明されています。ヨーロッパの騎士道・

紳士道との対比も随所に引用されているのも興味深い点です。

「騎士」は、英語でknight、フランス語ではchevalierです。もともとは中世の時代に武功を立てた名門の子弟などに与えられた称号で、日本語では「騎士」と訳されています。「武士」「武士道」と同じように「騎士」としての道は「騎士道」で、英語のknighthoodの訳語になります。

「紳士」は、英語でgentlemanです。「英国紳士」という言葉から連想されるような、育ちのよい、礼儀正しく、体面とフェア・プレイを重んずる男性を称し、「紳士」としての道、すなわち「紳上道」はgentlemanshipの訳語です。

ここで興味のあるのは、「武士道」とknighthood, gentlemanshipの三者には共通する点が多いことです。そして日本語でこの三者が「武士道」「騎士道」「紳士道」と対《つい》をなす言葉となっているのもわかり易いことです。

なお「騎士道」と「紳士道」は女性をいたわり大切にするという点で共通し、それを強調していますが、新渡戸氏の『武士道』でも、女性に対して家庭での内助の功を求めるとともに、家庭における女性の地位を重んじ、高く評価している点を併せて付記しておきたいと思います。

―本質の見極めと内面の重視―

「道」とは、人として「おこなうべき道」であり「進むべき道」です。最初から最後までおこなうべきやり方でおこない、進むべき道を進むということです。「終わりよければ、全て良し」ということがよくいわれますが、これは「道」の趣旨とは違います。もちろん結果も重要ですが、結果に至るプロセス、各プロセスの内容が大切なのです。

京の匠《たくみ》で、大事な仕事をするときにはまず伊勢神宮にお参りに行き、心と身を清めてから仕事にとりかかるという話を聞いたことがあります。何か大事なことをするには、内なる気持ち・心構えが重要であることを示す一例といえます。

スポーツなどの競技でも、勝ち負けの結果よりも勝ちの内容、負けの内容が重視されます。「ものづくり」の工程でも、一つひとつのプロセスを丁寧に、心を込めて仕上げることの重要性が指摘されます。商売の道も、利益を得ないといけませんが、より重要なのは、利益の上げ方が「道」にかなっていることです。これが「商道」です。

私の家系は、四世代前までは近江商人でした。調べると縁がありそうなのですが、近江商人・中村治兵衛の家訓に「三方よし」といわれるものがあって、最近よく話題になります。「売手よし、買手よし 世間よし」というのがその内容で、商売は社会にとってよい形でおこなわれなければならないとするものです。これも、儲けの仕方が大事であることを示した例といえます。

このように、「道」は何かをするにあたって、その中で何が重要であるか、すなわち本質を見極めることが大切であり、外に現れたもの、結果だけでなく、内面の気持ち・心構えが大事であることを意味しています。これはまさに「こころ」が重要であるということと同じであり、その意味で「道」と「こころ」とは表裏一体の関係にあるといえます。

―「こころ」とは何か―

「こころ」は、人間だけにあるものです。他の動物にも感情や意志はありますが、「こころ」というと人間だけのものです。つまり「こころ」は、「人」の「こころ」なのです。

英語では「こころ」は heart, mind, spirit, soul と少なくとも四つの言葉があり、「気持ち」という意味では feeling も入ります。フランス語でも、coeur, esprit, âme の三通りの訳語が出てきます。それぞれ多岐にわたっていますが、日本語では「こころ」という一つの言葉で済みます。その意味で、「こころ」は幅広い言葉です。漢字では、「心」と書きますが、大和言葉である「こころ」は仮名で書く方が感じが出ます。平仮名で書くと情のこもった温かみのある言葉になるからです。ローマ字で「KOKORO」と書いて発言しても、外国人も覚えやすく印象に残る言葉ではないかと思います。

「こころ」と対《つい》をなす言葉に「身体」と「行動」があります。「身体」は目に見えますが、「こころ」は目に見えません。心臓は「身体」の一部として見ることができますが、「霊魂」「魂」も「精神」も目には見えません。「行動」は外から見えて判断・分析ができますが、「行動」の元になる「こころ」は目には見えず、それだけにかえって奥の深い、意味の深いものといえると思います。この「こころ」を大事にするということが、「道」を大事にする、日本・東洋の考え方とも相通じます。

最近、日本の大学・研究機関などで、「こころ」についての研究がおこなわれています。また外国でも「KOKORO」について関心と興味が持たれ、研究が始められているとの話を聞きます。

―「こころ」は一つ―

「こころ」は一人ひとり違うものです。誰ひとり、自分と同じ「こころ」を持つ人はいません。

しかし同時に、国民性とか民族性ということで、「こころ」にある程度の類似性、共通性のある集団が存在することも事実です。さらに国民性や民族性を越えて「人間として」、人類共通の共通性もあり得ます。

私にとって最初の外国であった留学先の英国でも、英国人は日本人と似ている点が多いというのが実感でした。今でもそう思っています。この似ている点に着目する方が親しみも感じ、信頼関係も得られ易いというのが、実感としての体験でした。

その後、外国との往復生活が続き、七ヵ国に平均すると三年ずつぐらい住みました。仕事で出張したり旅行で立ち寄った国も多く、国際会議に出席する機会も多かったので、色々な国の人たちと出会う機会がたくさんありました。外国人を見て、あるいは会って、どこの国の人か当てられる確率も高くなりました。

このような体験を通じて、私はどこの国の人でも、誰でも、程度の差はもちろんありますが、「こころ」の類似面・共通面があると思っています。この類似面・共通面に着目して、信頼関係を醸成していくことが、人としての「道」であるというのが私の持論です。

この場合の「こころ」とは、意味の広い全人格なものと位置付けられます。具体的な意見とか対応ぶりでは対立していても、相手との間に何らかの信頼関係、すなわち「こころ」と「こころ」の関係があることが重要であるというわけです。

その意味で私は人間の「こころは一つ」という考え方の信奉者です。もちろん、どうしても「こころ」をともにし得ない人もいます。また、せっかく信頼関係が築けたと思っても、裏切られることもあります。ただ、人との対立点よりも「こころ」の類似点・共通点を重視することの重要性を強調したいわけです。

「こころ」は、このような含蓄のある言葉で、この「KOKORO」を世界に発信し、できるだけ多くの人に「KOKORO」を覚えてもらい、「こころは一つ」が世界共通のフレーズになればというのが私の望みです。

「世間」「縁」「面目」「恥」「義理人情」——関係重視の発想

——「人間」と「世間」——

「間」という文字は、色々な意味と読み方があります。この本でも何ヵ所か出てきました。ここでは「関係」の意味で「人間」「世間」という使い方です。「仲間」も同じ使い方です。「間」という以上、何かの間《あいだ》ということで、「関係」と関わりますし、「間」と「関」は読み方も同じ、字も似ています。「人」を何故「人間」というようになったのかは、「人の住む空間」の意味から、

「人」を指すようになったとの説が有力です。そうなると、身体的な「人」ではなく、「人」と「人」との「関係」に着目した言葉となります。ここでもその解釈です。

他方、「世間」には色々な意味があります。「社会」に対応する言葉として使われることが多いですが、「社会」よりずっと摑《つか》みどころのない漠然とした言葉です。日本的な表現ともいえますが、含蓄のある言葉です。「世間」は、自分が含まれる場合もありますが、自分だけが除外された「人」の集団を意味することもあります。「世間の目」とか「世間が許さない」などは後者の例です。

この他にも、「人」に関わる「関係」はたくさんあります。「自分と他人」「個人と集団」などです。家族、会社もそうです。「人」は、そのような多くの「関係」の中で生き、生活しているわけです。ここでは、日本ないし日本人を理解するうえで参考になる「世間」「縁」「面目」「恥」「義理人情」の五項目を中心に、「人」に関わる「関係」について、みていきたいと思います。

―自分と相手と第三者―

さきに言及した五項目に入る前に、「自分」をめぐる人間関係、「ヒト」をめぐる関係について、洋の東西の考え方をふまえながら言及したいと思います。

十七世紀のフランスの哲学者デカルトは、あらゆるものを疑ってみて最後に残るのが「自分」であるとし、「我思う故に我あり」という有名な言葉を残しました。その「自分の主体性」を前面に出す考え方は、西洋では今なお基本的な考え方として生き続けているといってよいと思います。

そして、その「自分」の次にくるのが「相手」です。「自分」と「相手」が揃うと、「第三者」がでてきます。その次に「自分」と「相手」と「第三者」を結ぶ「関係」がでてきて、全体の状況が完結するのです。これが西洋的な考え方の順序といってよいと思います。一人称・二人称・三人称という「文法」にでてくる考え方もこれと同じです。

これに対して東洋では、まず状況があり、主題・テーマがあって、それからそのあとに「自分」「相手」「第三者」を含む「関係者」の「関係」がでてくるという位置付けです。テーマや主題が先行するので、時により主語である「自分」が省略されます。

これに類似する「関係」に、「モノ」と「ヒト」と「コト」の関係があります。「モノ」と「モノ」との関係は、主として自然科学の領域ですが、「ヒト」と「ヒト」、「ヒト」と「モノ」との関係になると、「人」をめぐる関係になります。さらに、それに「コト」、すなわち事象や状況が入ると、前述の、「人」重視か「状況」重視かといった問題がでてくるわけです。この点は、改めて本章の最後にとり上げます。

―「世間」「世間体」「世間並み」―

「世間」は、本章の冒頭でもとり上げました。日本ではこの「世間」が、個人の行動や生活に大きく関わります。欧米では、「社会」は基本的に個人の集合体です。実態はともかくとして、建前としては個人が集まって「社会」を仕切るのです。

これに対して「世間」は、個人とは別の存在であることがより一般的です。往々にして「世間」は個人にとって厳しい制約要因になります。これが「世間体《せけんてい》」、すなわち世間に対する体面で、個人の思考・行動にとって大きな判断要因・基準になります。「世間」がどう思うかを気にするわけです。

「世間」の基準を知らないと「世間知らず」になり、「世間」の基準から外れると「世間離れ」になって「仲間外れ」になります。したがって、「世間並み」が求められるのです。かつて、小学校の運動会で駆けっこに順位をつけず、最後は一緒に手をつないでゴールしたということが話題となりました。これは極端な例かもしれませんが、私は行き過ぎた「平等」教育には大きな問題があると思っています。「世間並み」が求められるといっても、個性の伸長、主体性が十分に確保されなければなりません。ただし最近の若い人たちは、あまり「世間体」を気にしないので、この点はそれほど心配しなくてよいかも知れません。

「世間」と類似した言葉に「空気」があります。「場」の「空気」を読むということです。これはむしろ、若い世代の方が敏感であると思います。「世間」と比べると、こちらの方が流動的、弾力的、短期的、可変的です。この「空気を読む」も「世間体」も、日本でよくいわれることですが、周囲の、何となくの雰囲気をふまえることが重要であるという意味で、日本的な発想です。

―「縁」「因縁」「縁起」―

「縁は異なもの、味なもの」という表現があります。通常は男女の縁についての表現ですが、それに限らず縁は不思議なもの、乙なものです。また「袖振り合うも多生の縁」ということで、縁は貴重なものでもあります。

「縁結びの神」もありますが、「縁」は本来、仏教の言葉です。ものごとを生ずる原因という「因縁」の意味にも、原因と結果を結ぶ「因果」の意味にもなります。「因縁」の意味では、「因」が直接的原因で、「縁」が間接的条件との解釈もあります。

「縁」に関わる言葉としては、もう一つ「縁起」があります。「縁起」が「よい」「悪い」の「縁起」ですが、もともとは、一切の事物は様々な原因や条件が寄り集まって成立しているという仏教の基本概念からきています。さらにこの考え方は、人は現世のみでなく、前世・来世を含めて生まれ変わるという、「輪廻《りんね》」の思想にも関連しています。

因果関係というと、科学の話のように思われますが、仏教は、この「因果」関係、「因縁」を重視する宗教です。その延長で、人間は、予め定められた運命、すなわち宿命のもとに生存し生活するという、受け身で受動的な対応ととられがちです。

しかし「縁」には、よい縁も悪い縁もあります。宿命も運命も同じです。よい縁でも悪い縁でも、しっかりと受け止めて活かす、これがポジティブなアプローチです。悪い縁でも必ず活かしかたがあるはずです。「縁」も「運」も、そのまま受けとめて活かせるものは活かしていく、これが日本の、そして、東洋の生き方であると私は思っています。

―「名誉」「面目」「面子《めんつ》」―

西洋の騎士道において、「名誉」honour は極めて重要な概念です。「名誉」のために決闘をしたり命を賭けたりします。紳士道も「名誉」を重んじ、名を大切にします。日本の武士道でも、「名誉」は極めて高い位置づけです。因みに「名誉」は日本でも平安時代末期からあった言葉です。「名誉」は洋の東西を問わず、古くから重視されてきた概念であるといえます。「名誉」は、西洋でも日本でも「社会」の中に組み入れられ、今では「名誉」が侵害されると、親告罪である「名誉毀損罪」が適用されることもあります。これに対して、「面目」「面子」は東洋の概念ですが、「名誉」ほど概念的に確立したものではありません。それだけに幅も広く、日常用語として使われています。「面子」は中国語がそのまま日本でも使われ、読み方も中国語のままです。「面目」は、「めんもく」とも「めんぼく」とも読み、一般的に物事の様子、有様を意味することもありますが、より具体的には「世間の人に合わせる顔」の意味で「面目ない」などというわけです。

「面子」も「面目」も、「名誉」と比べると社会な意味合いが小さく、個人的な側面が前面に出ます。類語としては「体面《たいめん》」「体裁《ていさい》」がありますが、言葉としてはいずれも世間から見られる外観・外見ということでほぼ意味は同じです。なお英語の face - saving, face - losing の face は「面子」「面目」とかなり近い言葉といえます。

「面目が立つ」「面目が潰れる」はいずれも相手との関係でいわれることが多いですが、その点で自分の「面目」だけでなく、相手の「面目」にも配慮するところが日本的な「配慮」の特徴でもあります。すなわち、人前で相手を傷つけない、相手を窮地に追い込まないという配慮です。この点は日本の感性ですが、さらに一歩進めて、東洋の発想といってもよいかもしれません。

―「恥ずかしい」、「恥」意識―

米国の学者ルース・ベネディクトがその著書『菊と刀』で日本文化の特徴を「恥の文化」と位置づけたのを契機に、日本における「恥」は国際的に注目されました。日本では反論もでました。「恥」については西洋でもギリシャ時代からとり上げられましたが、日本人は「恥」に対して特に敏感であるように思われます。

「恥じる」「恥じらう」「恥ずかしがる」で、それぞれニュアンスも異なりますし、「恥ずかしい」も多岐にわたる意味合いがあります。あまり理論的な分類ではありませんが、自分の至らなさから「きまりが悪い」、自分が見劣りするので「気遅れる」、自分が過ちを犯して「面目ない」、自分が目立って「照れくさい」「面はゆい」、場違いなことをして「当惑する」、変わったことをして「みっともない」など、「恥ずかしい」の用例は多彩です。

「恥ずかしくないようにする」とか「恥ずかしくない人間になる」とか、「恥」は一種の社会規範的な機能を持ち、これによって秩序が保たれるという面があります。この点では「罪」の意識と似ていますが、「恥」の意識の方が具体的で幅が広いような気がします。

「恥」は人の行為を抑制する要因であるとともに進歩の要因でもあると、「恥」のポジティブな面に着目する人もいます。また、「面目」の場合と同じように自らが恥ずかしいことをしないのと併せて、他人に「恥」をかかせない配慮が大切という人もいます。

このように、「恥」は日本社会と密接な相関関係を有します。今でも前述した『菊と刀』が、外国人が日本研究を始める際に最初に読まれる本であると聞いたことがあります。「日本人と恥」について、より深い分析をした研究が日本の内外で進められることを期待します。

―日本的感性としての「義理人情」―

「義理」は、もともと中国に由来する表現です。「正義」の「義」と、「道理」の「理」が組み合わされ、「義理」とか「道義」という言葉で日本に定着しました。それが近世・江戸時代になって、日本特有の「義理」がでてきたのです。

「人情」も同じです。「人情」の「情」は、「情緒」とか「情趣」といった、「趣」の意味が主流でしたが、近世になると「人」がついて「人情」になり、「なさけ」「思いやり」の意味が前面にでて、日本独特の「人情」が出現しました。

当初は、「義理」と「人情」を対比させて、「公《おおやけ》」の世界である「義理」と個人的な「私的」関係である「人情」との乖離《かいり》、理屈と感情の葛藤《かっとう》に悩むといった文学や演劇が人々の共感を得て流行しました。これが次第に「義理」と「人情」を一括、一緒にして「なさけ」のある「義理」の世界が文学や演劇の世界だけでなく実生活にも浸透するようになったのです。

この「義理人情」の世界は、個人的な人間関係・信頼関係に関わるもので、打算とか損得とかに関係なく、通常の「世間」のしきたりにも必ずしも合致しない世界です。また人間関係を規律するという点で、一種の社会的機能を有します。ただしその内容は、西洋的な「権利義務関係」とは対照的に、人間の「感情」「なさけ」に基づくものです。

このように、「義理人情」はきめ細かい、温かみのある「情」の世界に関わるものですが、近年では「義理」は形だけの「関係」に形骸化し、言葉の意味もそうなってしまっている場合が多くなりました。最近の「義理チョコ」などは、その典型的な例です。

―「タテ社会」と「ヨコ社会」―

日本は「タテ」社会といわれています。そう思っている日本人も多いと思うし、外国人の多くもそう思っていると思います。確かにそのとおりといってよいでしょう。終身雇用制が根強く、会社勤めの人の多くが「会社人間」です。職場でも、上司を職名で呼び、上下関係が比較的きちんと守られています。年功序列も根強く定着しています。

学校でも勤務先でも、先輩・後輩の関係が目立ち、家庭でも親子関係が上下関係として捉えられがちです。一般論としてアジアは「タテ」社会の面が多く、欧米は「ヨコ」社会の面が相対的に強いという人が多いようです。

しかし、相対的な話ではありますが、日本も「ヨコ」社会の面がかなり強いというのが私の印象です。一般論として、日本では「仲間」意識が強いとされますが、これは基本的に「ヨコ」の関係の話です。「仲間」意識の一環として、入学や入社の時期が一緒の「同期」の結び付きも結構強いものです。

全般的な日本「社会」の位置づけとしては、基本的には「タテ」社会的性格の方が強いが、「ヨコ」社会的性格も意外に根強いというのが、客観的にみて妥当なところではないでしょうか。

ここで私が強調したいのは、本章でとり上げた義理人情、恥、面子・面目、世間体などの日本の特徴が、いずれも基本的には「ヨコ」社会の話であるということです。すなわちこれらはいずれも、平等・対等の関係の上に立脚していて、上下の関係ではないのです。したがって、一見「タテ」社会が優勢にみえる日本でも、「ヨコ」の人間関係が実質的にはかなり割合を占めているといえます。

これから日本は高齢化が進みます。そうなると居住地域でのコミュニティー活動が活発になり、「ヨコ」社会の割合が一段と増えていくことになるでしょう。

―「コト」づくりの勧め―

本節の冒頭、関係重視との関連で、「モノ」「ヒト」と「コト」の関係に触れました。西洋では、「モノ」と「ヒト」の関係で「ヒト」の主体性が重視されるのに対し、東洋ではまず「コト」すなわち状況・関係があって、そこから「ヒト」とか「モノ」の関係がでてくるという話でした。

しかしながら、最近では欧米でも「コト」が重視され、「ヒト」も「モノ」も「コト」の中で捉えるというアプローチが有力となってきています。これまでの東洋の考え方に近づいているというわけです。すなわち「モノ」と「ヒト」と「コト」を統合するメカニズムに関心が持たれるようになりました。

日本では、「モノ」づくりが従来から重視され、「モノ」を作る「ヒト」の大切さが強調されてきました。「京の匠《たくみ》」などは、その代表的な例です。「モノ」だけでなく、「モノ」を作る「ヒト」も大事ということで、「ヒト」づくりも重視されたわけです。日本の開発途上国への協力の中で、「人づくり協力」が一つの大きな柱となっていることも注目されます。

これからは、これまでの「モノ」づくり、「ヒト」づくりの実績と経験を踏まえて、「コト」づくりが重要になってくると思います。「モノ」の生産と「モノ」に関わる「ヒト」のサービス、すなわち第三次産業を加え、それを総合した「コト」づくりが求められると思います。

これこそ日本が得意とする分野で、これからの日本の大きなチャレンジになると私は思っています。世界の流れもそうなってきているわけで、この分野で日本が積極的役割を果たしていくことが、世界からも期待されているのではないでしょうか。

二十一世紀はまさに「コト」の時代です。従来の「モノ」づくりに「つくる人」「つかう人」の双方をとり込み、生産と流通と消費を総合した「コト」づくりが期待されます。街づくり、国づくりでもそれが求められます。そしてそこに日本の出番があるというわけです。

第八章

京都からのメッセージ

「日本の感性」と「東洋の叡智」を論ずるうえで「京都」は貴重な存在です。京都は、千年以上にわたって「日本人のこころの故郷《ふるさと》」といわれ、古くから「東洋の叡智」が根付き、明治維新以降は、「西洋」の文物を積極的に取り入れました。本章ではその京都の特徴を述べるとともに、京都の将来、京都の活用、京都からの発信についても言及します。

和と洋の東西が凝縮・現存する貴重な都市

―日本人の「こころ」の故郷、洋の東西の接点―

京都は、「和」と「洋」の東西が凝縮して現存する貴重な都市です。平安遷都以降、千年以上にわたって日本の文化の中心でした。日本人の「こころ」の故郷《ふるさと》ともいわれています。京都が日本の「和」の文化の中心であることは異論のないところです。そして、京都の産業も商売も日々の生活も行政も、「和」の文化と結び付いているように私には思われます。

加えて京都は長い間、東洋の文化との接点でもありました。中国から伝来した東洋の文化は、その多くが京都で定着し発展しました。日本語としての漢字の定着、仮名の発達、漢字と仮名との混合文の一般化もまず京都でみられたことです。仏教の浸透もそうです。日本の仏教・仏教文化は京都の寺院との関係なしには語れません。

明治維新になって、京都はいち早く積極的に欧米の文物の取り入れに努めました。西陣の繊維産業もそうでしたし、インフラ整備や教育面でも積極的な姿勢が目立ちました。戦災がなかったこともありますが、京都には明治・大正時代の「洋館」が結構残っていますし、老舗《しにせ》の「洋食」レストランが現在も続いているのも魅力です。

このように、自国文化に加えて、東洋の文化・西洋の文化が凝縮して並存し混在している場所は、世界でもそれほど多くなく、その意味で京都は「日本の感性」と「東洋の叡智」を、西洋文化との対比をふまえながら世界に発信できる、数少ないユニークな都市であると私は思います。

発信だけでなく、私はこのような利点を活用し、例えば京都に比較文化の研究施設とか、国際的な宗教研究センターなどを設置して、国際的な相互理解の推進や、文明間・宗教間の対話促進に役立ててはどうかと思っています。

―世界でもユニークな京都の多面性―

その他にも、京都は数多くの注目すべき側面や特徴を有しています。順不同ですが思いつくままに列記してみます。まず京都は大学都市であり、学生の「まち」です。人口が百四十万人の都市で、大学が四十近くあり、通う大学生の数が人口の一割以上というのは他に類がないと思います。

大学都市であるとともに、学術・研究都市でもあります。その関連でハイテク産業都市でもあり、産官学の連携都市としても注目されています。将来に向けた未来志向の都市といってもよいでしょう。

同時に、世界有数の歴史都市です。千二百年を超える歴史都市で、今なお文化の中心になっている都市は稀です。京都市は三十数年前から、自らが事務局となって、現在では世界の二一二の歴史都市が参加する「世界歴史都市会議」を隔年で開催しています。このような国際会議が一都市の音頭によって長期間開催されるのは極めて珍しいことです。京都がこのように歴史ある文化芸術都市であり、神社仏閣の多い宗教都市であるのも万人の認めるところです。

また、一九九七年に地球温暖化防止の「京都議定書」が採択されたことをきっかけに、環境モデル都市としても周知され、二〇一三年には「和食」が世界無形文化遺産に登録され、食文化都市としても世界の関心を集めることになりました。

これだけバラエティに富む都市は他に見当たりません。しかも、それぞれの分野で重要な一角を担っていることは注目に値します。京都は過去・現在・未来にわたって「世界の中の京都」といってよく、その意味で二〇〇七年から使われている京都のキャッチ・フレーズ「日本に、京都があってよかった」は、的を射たものと思います。そして、さらにそれが、「世界に京都があってよかった」になる可能性もあると思っています。

―多岐にわたる豊富な人材―

京都の強みの一つは、人材が豊富なことです。行政・経済界・芸術文化・学術研究・教育などその分野も多岐にわたります。世襲で、二代目・三代目が活躍しているのも特記事項です。定着性という点では、首都圏集中が進む中で、地元に腰を落ち着けて頑張っている企業や個人が多いことも京都の特徴の一つです。

それぞれの道や分野で一芸に秀でる人の多いのも京都の特色です。何代も続く専門店、京の匠《たくみ》など、伝統と個性を大事にして「わが道」を歩む人が多く、これも多岐にわたる豊富な人材の一つの背景になっていると思います。

私自身の限られた経験を通しての話ですが、京都の人たちは一家言《いっかげん》を持っている人が多く、誰に聞いても同じ答えが返ってくる集団とは違います。これも人材豊富につながることと思われますが、他方ではそれぞれが自分の意見を持っているので、なかなか一つに結集しないということも実感しています。これはむしろ京都の課題であり問題点であるといってよいかも知れません。

外国への発信という点では、大学関係、文化・芸術関係、研究者などで、外国によく行かれている人も多く、そういう方々が海外からの吸収に加えて海外への発信に努め、貢献されることを期待したいと思います。京都には素晴らしい「役者」が数多く揃っているように思われます。

京都の知名度は海外で高く、日本に行くなら京都にという外国人は数多く、しかも知識層、オピニオン・リーダーたちの間で希望者が多いというのが、京都で国際会議、国際交流の仕事に携わった私の印象です。京都についてもっと知りたいという外国人に、京都を説明し、京都を通して日本を理解してもらうことも、京都の人々の大きな使命であり責務です。

—伝統の尊重と進取の気風—

伝統に恵まれている京都ですが、京都は決して保守的ではないというのが私の実感です。京都というよりも「京都の人」という方が正確かもしれません。京都市は一九七八年に「世界文化自由都市宣言」を発出し、その精神は現在も引き継がれています。京都大学には昔から「進取の気風」の伝統があるといわれています。

京都を拠点として発展してきた企業はそのほとんどが伝統を尊重し、それを基盤としながら、それに束縛されずに進取の気風をもって発展と成長を重ねてきたように見受けられます。

個人の商売でもそれがあてはまるような気がします。

西洋の弁証法的発展は、「正反合」といって、「正」の次はそれと反対の「反」があり、その次に「正」と「反」とが合体して「合」という発展が実現するわけですが、京都の場合は、発展は内在的に伝統の中から生まれでるように思われます。これはまさに、日本の、そして東洋の行き方に合致するものです。

歴史都市である京都から、時代の先端を行くハイテク産業が生まれるのも、このような背景と伝統があるからだと思います。私はこれが京都の「保守」であり「伝統」であると思っています。「革新」とは一味違う、「内からほとばしり出る、内在的発展」といってもよいかも知れません。

二十一世紀のシリコン・バレー
―世界の中の京都―

もう二十年近く前の話になりますが、私は京都市関係の雑誌に「世界の中の京都―創生のシナリオ」という小論を寄稿しました。その中で、京都は「二十一世紀のシリコン・バレー」

を目指せと提言しました。すでに二十一世紀も二十年を経過しましたが、今でもその考えには変わりありません。

米国カリフォルニア州のシリコン・バレーは二十世紀を代表・象徴する科学者・研究者のメッカでした。これに対して二十一世紀は、人間尊重・文化の時代であり、科学の分野でも人文科学、人間の科学が注目される時代といわれます。

京都の有する様々な利点を生かしながら、従来の自然科学を中心とする科学技術、先端産業に加えて、環境、生命倫理、人間安全保障、平和研究、宗教研究といった、時代の要請に応える新しい頭脳集団の拠点に京都がなり得るのではないかというのが私の提言の内容でした。国際的な頭脳の集積とともに、世界有数の国際的な知的交流の拠点を目指すということも、提言しました。京都を舞台として、国際的知的交流に関わる国際会議が数多く開催されるということです。当時、私は宝ヶ池にある国立京都国際会館の館長を務めていて、誘致努力を続ければその可能性は十分にあると考えていたからです。

本論でも言及したように、これからは自然科学、社会科学、人文科学といった縦割りの垣根を超えて、学際的・総合的な研究・学問が求められる時代です。京都が蓄積してきた実績と基盤は、まさにそういう時代の要請に応えられるものと思います。

京都を二十一世紀のシリコン・バレーに、という提言は以上のような背景の中で生まれたものです。京都の持つ多彩な側面、伝統の蓄積、国際的な位置づけ、京都の持ち味と魅力などを合わせ考えると、その実現は決して机上の空論ではなく、あとは国の施策と京都の人々の意識と自覚の問題であると私は思っています。

―単なる観光都市でない京都―

私は、観光の重要性を否定するものではありません。京都についてももちろんそうです。もし京都への内外からの観光客が激減したら、京都にとって大問題です。観光重視の施策は優先政策として続けるべきであるのは当然です。

しかし、私がいいたいのは、単なる観光都市であっては将来がない、少なくとも将来に限界があるということです。観光は過去の蓄積の発展ではなく、過去の蓄積への依存であるからです。紀元一〇〇〇年の時点における世界十大都市のうち、現在、大都市として存続しているのは京都だけ、という話を聞いたことがあります。それは、京都がこれまで観光だけの都市ではなかったからです。

これからの京都には色々な「可能性」があります。本章ではその一端に触れさせていただきました。本章の冒頭で言及した京都の「多面性」からも、多岐にわたる可能性がでてくると思われます。同じく先に触れた「コト」づくりも、大きな検討課題です。京都の「モノづくり」への「こだわり」は有名です。京の匠の話やエピソードもよく話題になります。京都の人材の多彩さ、豊富さにも言及しました。このような京都の誇る「モノづくり」と「ヒトづくり」をベースに、京都の「コトづくり」は、大いに期待がもてます。

これからの京都を如何に構築していくかも、まさに重要な「コトづくり」の課題です。京都の利点を生かして、「コトづくり」のノウハウを研究開発することも興味あるテーマですし、「コトづくり」の専門家の育成も、期待されるチャレンジであると思います。

京都の活用と京都からの発信

—京都の活用は国の重要課題—

二〇二二年の文化庁の京都移転は、意義の大きい、国の英断でした。二十年近く前のことですが、当時の河合隼雄文化庁長官（故人）と、同長官が国立京都博物館内に開設した文化庁分室で移転問題についてお話しした折、同長官は、実現したいのだがなかなか難しいといわれていました。同長官がご存命でしたら、さぞ喜ばれたことと思います。

これからの日本は、国際的に厳しい状況に直面します。それに対応するためには、かつての日本列島改造論のように、日本全体を総花的に底上げしていくのではなく、全体を機能的に仕分けをしていくことが合理的であり重要であると思います。

京都はその中で文化の中心、国際的な知的交流の拠点として位置づけられます。国がそれを国策として積極的に支援し、テコ入れをすることが期待されます。京都は今、「京都創生」というスローガンを設定して国の支援を求めていますが、それが日本全体のために大きなプラスになるということで、国の積極的な姿勢と、国と京都との連携・協力プレイが望まれます。国がもっと京都を活用し、利用することで、「日本に京都があってよかった」「世界に京都があってよかった」ということになると私は思います。

首都機能の移転、分散も重要課題です。これも東京と四十六道府県という構図ではなく、拠点の複数化という方向で考えることが適当であると思います。その点で私は、首都圏と関西圏という二拠点論に賛同します。関西は京都、大阪、神戸、奈良、大津という、それぞれ魅力と特色のある都市が至近距離に所在している、世界でも珍しい地域です。

どこが中心ということではなく、それぞれに特色のある都市の集合体として関西圏を形成すれば、東京を中心とする首都圏とは持ち味の違う二つ目の拠点が実現され、首都圏に何かあった場合の受け皿としても、魅力と活気のある拠点としても、機能が大きく発揮されると思います。

――京都自身の自覚と意識改革――

京都の人は、おっとりしていて、外に向かっての自己主張が少ないとよくいわれます。確かにそう思います。それは、自分がいわなくても他人が認めてくれるという内心の「自信」に裏打ちされているのかもしれません。

私自身の経験談になりますが、二〇〇八年は日本がG8サミットのホスト国で、京都も立候補しました。結局は、開催は北海道の洞爺湖になったのですが、京都は治安も大丈夫ということで、各界を挙げて誘致に努めました。京都での世論調査は、最終的には、七割近くが誘致賛成となりましたが、そのときに痛感したのが、当初の、京都の一般市民の方々の盛り上がりの不足と、むしろ冷《さ》めた反応でした。

ともに誘致に努めた、堀場製作所最高顧問（当時）の堀場雅夫さん（故人）は、「七割近くの賛成は珍しい。京都の人は、いざとなると立ち上がる」と慰めてくださいましたが、私は大変歯がゆい思いをしました。盛り上がり不足の理由は、自分たちにはあまり関係がなく、交通などで不便なだけだというのが多かったように思います。

この話とは直接には結び付かないかもしれませんが、私のいいたかったことは、京都の方々は内心では京都に対する「思い入れ」「こだわり」が極めて強いにもかかわらず、あまりそれを外に向かって表明しないということです。これまではそれでよかったかもしれませんが、これからの競争社会ではそれでは立ち遅れてしまいます。また、自分たちは自分たちのやり方でやるのでそっとしておいてほしい、という訳にもいかないのです。

「意識改革」の「改革」という表現は適当でないかも知れませんが、対外的な発信という点を含めて、京都の一般市民の方々の意識の問題は、京都の将来にとって極めて重要になってくるという気がしてなりません。

―京都からの対世界発信―

以上、本章では、京都についての私見を述べさせていただきました。それらの論点も踏まえて、日本から世界への発信にあたっては、是非、京都の積極的な対応が望まれます。本書のテーマである「日本の感性」「東洋の叡智」「日本の衣・食・住」は、いずれも日本の中では京都からの発信が最適であるからです。京都には京都から発信する「京都の知恵」といったものがあるようにも思われます。

京都の「率先」にこだわるわけではありません。日本の全ての地域・地方からの発信が望ましいのはもちろんです。ただ、受ける側からみて、京都からの発信は説得力があると思います。そしてそれが、日本にとっても望ましく効果的です。これは京都と国の双方に向けたメッセージです。国に対しては京都を大いに利用し、活用すべしとのメッセージになり、京都に対しては、これほど恵まれていて多くの可能性があるのだから、率先して発信すべしとのメッセージになるわけです。

私が今回、日本そして東洋についての小論をまとめたいと思ったのも、外国勤務を終えて京都に居を構えたからであるといえます。京都は奥の深いところです。京都に住んで京都に魅せられ、京都への「思い入れ」が深まりました。

京都への「思い入れ」は、代々京都に居られる方々より、京都生まれではない京都関係者、移住者の方が強いという話も聞きますが、私はそうではないと思っています。ただ、我が身を顧みて、京都への「思い入れ」は、半世紀あまりの外国との関わりとその後の京都在住を通して、確かに強くなったと思います。そしてそのことは、今回のテーマである「日本の感性」「東洋の叡智」「日本の衣・食・住」を考えるうえでもあてはまることでした。

第九章

これからの課題と将来の展望

本章では、まず、「日本の感性」と「東洋の叡智」について、これからの課題と将来の展望を、いくつかの提言を含めてまとめました。次に、「東洋」と「西洋」の関係の新たな局面に言及し、二十一世紀の課題として、「文明間の対話」と「太平洋協力」をとり上げました。そして最後に、新型コロナ・ウイルスの蔓延をふまえ、「新しいライフ・スタイル」に付言しました。

「日本の感性」――グローバルな視点での学際的日本研究

本章では、これからの課題として、網羅的ではありませんが、いくつかの問題提起ないし提言をしたいと思います。そして、将来を展望しつつ、新しい時代のライフ・スタイルにも言及したいと思います。

まず、「日本の感性」に関わる日本研究についてです。これまでの「日本の感性」に関わる研究は、「ジャパノロジー」と称されることが多く、研究に従事する人は、「ジャパノロジスト」と呼ばれていました。その研究は、日本でも海外でもレベルの高いものが多く、中には源氏物語研究のように、グローバルな連携もみられました。しかしながら、一般的なイメージとしては特定の限られたグループの人たちによる研究という印象が否めず、一般の人にとってはなじみの薄い感じであったように思われます。

その点で、これからの日本研究はより幅の広い視点と次元でおこなわれることが望まれます。現代のようなマルチディシプリナリー（学際的）な時代では、例えば心理学など人文科学はもちろん、社会科学や自然科学も含めた、総合的なアプローチが求められます。また、国際社会が緊密化し、国際交流が活発になる中で、国境を超えた国際的な次元での対比・研究も期待されます。そして重要なことは、研究者の範囲の広がりであり、広く一般の人々の興味・関心にも応えなければなりません。

　研究テーマとしては、本文で具体的に言及した「余韻」や「恥」などに加え、「和」とか「こころ」といった大きなテーマも重要です。両者とも、もっとグローバルに知られてほしい言葉で、より深く、幅の広い掘り下げが望まれるからです。「間《ま》」も時間的、空間的、いずれの意味でも、興味ある検討課題です。その他、「世間」「空気」などをはじめ、本書で取り上げた項目で、さらなる研究が期待されるものは多岐にわたります。その意味で、私には現在が日本研究にとっての一つの重要な節目の時期であると思われます。

　最近、米国のハーバード大学で、マイケル・ピュエット教授の「The Path（道）」という講義が学生の間で話題となったと仄聞《そくぶん》しました。講義録は広く世界で読まれ、日本語にも翻訳されています（『ハーバードの人生が変わる東洋哲学』）。私は、「日本の感性」についても（もちろん、日本に定着した「東洋の叡智」も併せた形で）、このような講義が、ハーバード大学を含め、世界各地の要所要所でおこなわれることを願い、期待しています。

「東洋の叡智」――東洋の連携・協調と共同プロジェクトの推進

「東洋の叡智」については、今後の課題として、「東洋」の連携・協調を強調したいと思います。すでに、遺跡発掘なども含めてかなり多くの共同調査、共同研究・共同プロジェクトの実績が積み重ねられています。しかし、まだまだ「東洋」の連携・協調の可能性はどの分野でも大きく、さらなる推進が期待されます。その際、政府レベルのバックアップがあればもちろん心強い限りですが、私は特に、研究者間、NGOなどの民間関係者の間でこのような連携・協調の機運が盛り上がることを切望しています。

仏教・儒教・インド哲学などの東洋思想、漢字文化圏、箸文化圏など、共同研究・共同プロジェクトの対象は数多く存在します。一例を挙げれば、「お辞儀」とか「手を合わせる」とか、挨拶などの風俗・習慣も興味あるテーマです。インド舞踊、タイ舞踊、日本舞踊などにも共通点がみられます。二〇〇〇年を超える長い歴史の歩みが、国境を超えてどう発展したかは、興味ある研究課題に違いありません。

このような共同研究・共同プロジェクトの推進にあたり、まず考えられるのは、日中韓の連携・協調です。中国はもちろん、「東洋の叡智」の多くが発祥し発展した国です。近年、一時、排仏排孔運動で仏教、儒教が抑圧された時期もありましたが、現在は『論語』などの古典も学校教育で教えられ、孔子学院などの活動も活発です。韓国も、「東洋の叡智」が定着した国で、仏教・儒教が広まり、特に朱子学が社会に浸透しています。この三ヵ国の連携・協調は、それ自体大きな意味合いを持つだけでなく、これからの世界にとっても極めて重要であります。

この三ヵ国の連携・協調の気運ができるだけ早く盛り上がり、共同研究や共同プロジェクトが発足し、具体的な形での進展につながることを私は念願しています。プロジェクトのようなまとまったものでなくとも、例えば各地で三ヵ国の人たちの小グループができ、『論語』などを共同で読む、といった身近な試みがスタートすれば、その意義は大きいと思います。

もちろん、連携・協調は日中韓だけではありません。インドは中国とともに、「東洋の叡智」の発祥地です。最近でも、十九世紀から二十世紀にかけて活躍した詩人タゴールは、東洋思想の伝導者であり、インド独立の父といわれるマハトマ・ガンジーは東洋思想の実践者でした。仏教となるとさらに地域は広がり、タイ、ミャンマー、スリランカ、ネパール、ブータン、ベトナム、ラオス、カンボジアが入り、モンゴルも仏教国です。

仏教国ではありませんが、インドネシア、マレーシア、フィリピン、ブルネイにもOriental wisdom が存在します。さらにミクロネシア、ポリネシア、メラネシア、米国のハワイなども含めての共同研究も興味ある課題です。

いずれにしても、「東洋の叡智」ないし東洋の思想・文化についての共同研究は、これからの世界にとって重要です。そのための「東洋」の連携・協調自体が重要であります。そしてさらに、その成果の世界への発信が、「西」から「東」の流れに「東」から「西」への流れが加わることになり、「東」と「西」の関係が「相互交流」の関係に発展する、よいきっかけになると思います。

「東洋」と「西洋」――相互理解から相互取り入れへ

「東は東、西は西、両者互《たがい》に相まみえず」、これは英国の詩人ラドヤード・キプリングが十九世紀末に書いた詩「東と西のバラッド」の冒頭部分の翻訳で、東西の対比を示す言葉としてよく引用されます。「東洋」と「西洋」の対比については、本文でも色々な箇所で言及しました。確かに興味ある点が多々あります。ここでは一点、補足として次の点を指摘します。それは、黒白をはっきりさせるという西洋の考え方です。真理は一つ、正しいことは一つという発想です。これに対して、東洋的思考では、黒と白との間に無数の灰色があるとします。YESかNOの二者択一ではなく、両者の間のどこをとるかが重要です。このことは、これからの「東洋」と「西洋」の関係を考えるうえでも、重要になると私は思います。

翻《ひるがえ》って考えてみると、これまでの「東洋」と「西洋」の関係は、「対比」を前提とした、「相互理解」が基本的なパターンでした。しかしながら、近年、本文でも指摘したとおり、「西洋」の歩み寄りが、いくつか具体的にみられます。自然科学の分野では、従来の「論理」を超えた、「感覚」「直観」重視の傾向がみられ、宗教の分野では、キリスト教も他宗教との対話を重視するようになりました。禅に対する関心も高まっています。「東洋」のライフ・スタイルにも、関心と興味が寄せられています。また「東洋」では従来に引き続き、「西洋」の文物の取り入れが続いています。

これからは、「東洋」と「西洋」の関係が従来の対比に基づく「相互理解」の段階から「相互乗り入れ」、「相互取り入れ」の段階に進展していくと私は思っています。「相互交流」も進んでいくと思います。そして、コロナ危機がこの傾向にさらに拍車をかけることになると思います。これが、「東洋」と「西洋」の関係の今後の展望についての私なりの所見です。

この「東洋」と「西洋」の新しい展開に関連して、次の三点をここで指摘しておきたいと思います。第一点は、民主主義、自由、人権の尊重です。この三つは、人類が長い歴史をかけて獲得、確保したもので、時空を超えた貴重な人類の財産であります。時代、地域如何《いかん》にかかわらず、堅持しなければならないものであります。「東洋」でももちろん、その三者の尊重は極めて重要です。

第二点は、国際テロ、地球温暖化をはじめとする環境問題、大規模自然災害などのグローバルな問題は、国境を越え、「東洋」「西洋」の区別なく、世界が一丸となって対応しなければならないということです。新型コロナ・ウイルスにも、まさにグローバルな対応、国際協力が求められます。「東洋」と「西洋」の「歩み寄り」「相互取り入れ」の中で、私は、特にこの点を強調しておきたいと思います。

第三点は、これまでは「東」と「西」の対話・話し合いが「西」の「土俵」でおこなわれてきたのではないかという点です。すなわち議論が「西」側のやり方・尺度・座標軸でおこなわれ、「東」側も、自らの主張を通すために、それに合わせてきたといえるのではないかと思います。これは日本だけではありません。中国、韓国も含め、他のアジア諸国も「西」側の土俵で議論してきたように見受けられます。

これからの課題として、私は、早急な実現は困難と思いますが、「西」側の土俵と「東」側の土俵が重なり合った、いわば、楕円形の土俵があってもよいのではないかと思っています。そのためには、日本を含め、アジアの国々が「東洋の叡智」、すなわち、伝統的・古典的な「東洋」の考え方や思想に、現在以上に目を向けることが、重要かつ必要であり、そうあってほしいというのが私の思いであります。

「文明間の対話」と「太平洋協力」――二十一世紀の課題

二〇〇〇年の国連総会は、二十一世紀を迎えるにあたり、二〇〇一年を「文明間の対話」の年とする決議を採択しました。その一環として、本文で紹介したとおり、同年八月、ユネスコと東京にある国連大学との共催により、京都と東京で「文明間の対話」に関するシンポジウムが開催され、キリスト教、イスラム教、仏教、神道からも多数の人々が参加して、内外から高い評価を博しました。せっかく二十一世紀が「文明間の対話」の世紀と位置づけられ、二〇〇一年がスタートしたのですが、その後、すでに二十年が経過したにもかかわらず、目立ったフォローアップがなされていないのが残念です。この「文明間の対話」は、これからの世界にとって極めて重要と考えるからです。

この「文明間の対話」の推進にとって不可欠、かつ重要なのが「イスラム世界」の参画です。もともと、この構想は、イランのハタミ大統領(当時)の呼びかけがきっかけでした。したがって、イスラム世界の積極的な対応が望まれます。同時に、日本の役割も期待されます。日本は「東洋の叡智」の共有国で、しかも近代化の過程で積極的に西洋の文物を取り入れ、東洋と西洋とが併存する国であるからです。このような点からも、「文明間の対話」はまさに日本が出番の話であると思っています。同じ「オリエント」に属するということで、日本とアラブ諸国とは「気心」の通ずる面もあると思います。

併せて宗教者間の対話も重要です。日本では一九八七年以降、毎年、天台宗延暦寺の主催で、「比叡山宗教サミット」が開催され、関係者から評価されています。日本が「文明間の対話」「宗教間の対話」の推進に積極的な役割を果たすうえで、日本の仏教界が一つにまとまり、「対話」の促進と支援にあたることも是非期待したいところです。

「文明間の対話」と並んで、二十一世紀の重要課題に、「太平洋協力」があると、私は思っています。二十一世紀は、太平洋の世紀ともアジアの時代ともいわれます。米国は、今や太平洋国家であることを鮮明に標榜しています。ロシアも自らアジアの国として、太平洋への関心を示しています。中国ももちろん同様です。韓国もそうです。豪州、ニュージーランド、ASEAN諸国、太平洋島嶼《とうしょ》国、日本は、いずれもまさに「太平洋」の中の国です。アメリカ大陸の太平洋岸諸国はもちろん、インドをはじめとするインド洋諸国も「太平洋協力」の当事国に入ります。まさに「開かれたインド太平洋」です。

日本では、一九七〇年代の終わり頃から、太平正芳総理、大来佐武郎外相の主導のもと、「環太平洋連帯構想」が盛り上がりました。私は当時、外務省で大洋州課長を務めていて、この太平洋協力に直接関わる機会がありました。日本と豪州が推進役となって太平洋協力が進められていた時代でありました。その後、豪州の発意でAPEC（アジア太平洋経済協力会議）が誕生し、現在に至っています。これからの「太平洋協力」を考えるうえで、ちょうど赤道を挟んで太平洋の南北に位置する日本と豪州との連携・協力は極めて重要であると私は思っています。ASEAN諸国との連携・協力も「太平洋協力」には重要不可欠です。その意味で、現在日米豪印の四カ国が中心となって進めている「自由で開かれたインド太平洋構想」は、まさに時代の要請に則したものであり、その推進が期待されます。

「太平洋」（The Pacific Ocean）は、英語でもPacific（平和）の海です。ポルトガルの航海家マゼランが十六世紀初め、横断に成功し、穏やかな大洋ということでThe Pacific Oceanと名づけたのが語源といわれています。すなわち日本でも世界でも「平和な大洋」として名前が定着しているわけです。「太平洋の世紀」といわれる二十一世紀に、「太平洋協力」が、「力」による競争ではなく「平和裡」に協力が推進され、まさに文字どおり「平和な太洋」が実現されることを願いたいと思います。

新しい時代のライフ・スタイルを求めて

新型コロナ・ウイルスの蔓延《まんえん》によって、世界が大きく変わりつつあります。それに伴って、新しい時代に適応したライフ・スタイルが必要との論調が内外で聞かれるようになりました。新しいライフ・スタイルの構築にあたって、「日本の感性と東洋の叡智」が色々と参考になり、示唆も得られるのではないかとの思いから、原稿の脱稿直前になって、急遽本項を追加しました。

これまで、かなりの長期間にわたって、日本を含め世界の多くの国は、大量生産・大量消費を志向してきました。それが経済発展、生活水準向上につながりました。ライフ・スタイルもそれに則したものが多くみられました。しかし新型コロナ・ウイルスの蔓延《まんえん》によって、「モノ」や「ヒト」の移動が制約されるようになりました。「不足」「不便」「不自由」「不安」が加わる時代が到来しました。

それに伴い、従来の大量生産・大量消費志向や競争万能に対する反省も生まれました。仕事のやり方、生活の仕方、若い人たちの教育、趣味・娯楽・スポーツ・余暇の活用という面まで変化が表れてきています。人々のライフ・スタイルに変化が生じてきたわけです。そこで、私なりにその変化の内容を列挙してみようと思いました。

まず、「安全」「安心」「安定」が重視されるようになりました。「モノ」を大切にしようとする気運が高まりました。なるべく身近なところで、身近なものを活用しようとする傾向が大きくなりました。流行や贅沢《ぜいたく》に左右されずに、地味につつましく生きようとする人が増えました。内面の「こころ」が大切とされ、「こころ」のやすらぎが求められるようになりました。自らの病《やまい》とも共生していかなければならないということで、自然との共生を重視する人もでてきました。

こう書き並べてみると、本書で言及した「日本の感性と東洋の叡智」の中に、これからの新しいライフ・スタイルを考えるうえでのヒントが数多く含まれているのがわかります。ちょっと立ち止まって「間《ま》」をおいて考えることも重要です。自らに目を向け、強制や監視ではなく「自粛」することの大切さもわかるようになります。他者との関係で、「思いやり」「和」の重要性にも、また自らの行動でバランスをとること、すなわち「中道」「中庸」の必要性にも気づきます。「相手の立場に立って考える」ことも重要になってきます。

今回のコロナ危機が一日も早く克服され、収束されることを願いつつ、同時に危機の到来を機に、これまで何となく踏襲してきた従来のライフ・スタイルを反省し、新たな状況のもとで新しいライフ・スタイルを見出し、これからの時代を迎えることの意味合いは大きいと思います。そしてそこに「日本の感性と東洋の叡智」が関わるわけです。さらに私は、この新しいライフ・スタイルは、コロナ危機の収束後も、これからの時代の生き方として引き継がれるものと思っています。

最後にまとめとして、次の三点を述べて本項を締めくくりたいと思います。第一点は、ライフ・スタイルは、各個々人が自分で決めるもの、すなわち各個々人のライフ・スタイルであるということです。他から与えられるものでもなく、一律に適用されるものでもありません。「日本の感性と東洋の叡智」の中にヒントがあるといっても、それは、自分で見つけ自分で選ぶものです。なお、ライフ・スタイルと同じように重要なものに「生き甲斐」がありますが、これも、各個々人がそれぞれに、自分で選び決めるものです。

第二点は、新しいライフ・スタイルになると、生活が内向きになり、生活内容が縮小するのではないかという点です。私はそうとは思いません。新しい状況、新しいライフ・スタイルのもとで、従来とは違う面はでてきますが、さらに一段と充実した生活内容が志向され、成長と進展が得られることを強調したいと思います。無駄や贅沢は省かれますが、倹約のための倹約が目的ではないので、生活の深化・向上につながります。縮小均衡ではなく、むしろ拡大均衡に通ずるものです。ただし、新しいライフ・スタイルを身につけるにあたって、各個々人がこの点をしっかりとふまえ、自覚・留意することが重要であることはもちろんです。

第三に、ライフ・スタイルはあくまで各個々人の問題ですが、同時に経済面、政治・行政面で、新しいライフ・スタイルの一般化・普及が、経済の停滞、社会の停滞につながらないよう、社会全体として注視し、そうならないよう知恵と工夫を凝らすことが併せて肝要です。この点が担保され、確保されてはじめて、新たなライフ・スタイルの一般化、普及が妥当なものとして一般に受け入れられるからです。新型コロナ・ウイルスによって世界は大きな影響を受けましたが、「雨降って地固まる」「禍《わざわい》転じて福となす」ということで、新ライフ・スタイルの誕生が一つの大きな転換、進歩になると思います。そしてこのことが、「日本の感性と東洋の叡智」がもたらす大きな成果となる可能性は大きいと思っています。

おわりに

ご一読ありがとうございました。締めくくりにあたって、次の六点を付記させていただきたいと思います。

第一点は、外国人から、日本人はわかりにくいとよくいわれます。他方、日本人からみると、外国人の日本人理解はまだまだという気がします。その両者に対応していくには、まず日本人が日本について考え、日本について発信していくことが肝要です。その意味で、本書のような著作のニーズは大きいというのが、筆者の率直な思いであります。

第二点として、本書をぜひ、若い世代にも読んでほしいと思っています。古くからの「日本の感性」と、日本に根付いている「東洋の叡智」への関心が、若い人たちの間で残念ながら高まっていないと見受けられるからです。なかんづく、若い時代を海外で過ごし、外国で教育を受けた方々に読んでいただければと思います。外国生活経験者が、自らの海外体験に加えて、「日本の感性」と「東洋の叡智」に触れる意味合いは大きいと思われるからです。

第三点は、日本は今後、国際社会にあって、様々な難しい局面に遭遇すると思います。その中にあって、日本人が「内向き」にならないようにということです。かつては「内を固める」ために「内向き」が志向された時期もありましたが、日本は国際社会から孤立しては生きていけません。これからは特にそうです。明治維新以降と第二次世界大戦後にみられたような「外に向かって」の積極的な活動と活躍が望まれます。

第四点は、筆者は本書を「私が感じた日本文化の総復習」と位置付けました。長年の思いを私なりにまとめたものであるからです。本文の中でも、「日本の感性」と「東洋の叡智」を、日本を理解するうえでの重要な二本柱としました。もちろん、日本文化はその二つに限られるわけではありません。欧米との関連も重要です。また、本書で取り上げたもの以外にも、日本文化には色々な側面があります。本書は、網羅的なものではありません。筆者自身の体験によって裏付けられ、筆者が強調したいものを選んだものです。その意味で、「私の感じた」と付記したわけです。

第五点は、本書で取り上げた内容の多くは、目新しいというより、日本人の多くの方々が感じておられるものであると思います。それでも、独断と思われる点もあると思いますし、掘り下げ不足の点、説明不足の点、異論・反論もあると思います。筆者としては、本書がきっかけとなって、「日本の感性」と「東洋の叡智」についての論議がもり上がり、両者への関心と注目が高まれば、それに越したことはないと思っています。

第六点は、本書のほうが先行しましたが、本書の英語版も書き終えたところです。逐語訳ではなく、外国人向けを念頭に置いて書き下ろしたものです。日本か外国の出版社からの出版を考えておりますが、もしお目にとまりましたら、外国の方で関心のあるお知り合いなどにお勧めいただけると幸甚に存じます。

以上、六点を補足いたしました。私は「日本の感性」の研究者でも、「東洋の叡智」の専門家でもありません。ただ、学生時代から終始、現在に至るまで、このテーマに関心を持ち続けてきました。同時に、六十余年にわたり外国との関わりの中で生きてまいりました。そのような背景を持つ人間の一人として、国の内外を問わず、「日本の感性」と「東洋の叡智」により多くの関心が寄せられればとの思いに駆られています。

二十一世紀は、二十世紀が「発展・成長志向の時代」「物質文明、科学技術の時代」であったのに対し、「人間尊重・精神文化の世紀」になるといわれていました。現実には、なかなかそうはいかないようですが、今回のコロナ危機が、改めてその点に思いを馳せるきっかけになったと思います。「日本の感性」と「東洋の叡智」の中に、二十一世紀の世界にとり参考となるヒントと示唆が数多く含まれていることは、本文で詳述のとおりです。現在の世界が必要とするもの、現在の世界に欠けているもの、それが「日本の感性」であり「東洋の叡智」であると私は思っています。

日本は、かつてのような経済大国ではなくなりました。資源も少なく、国際協調の中で生きていくうえで、財産になるのは日本人です。その日本人の財産の中に「日本の感性」と「東洋の叡智」があるわけです。私は、日本人に生まれてよかった、幸運であったと思っている一人ですが、「日本の感性」を享有し、「東洋の叡智」を享受している日本人が、もっと自国への自信と誇りと愛着と希望とを持ってよいのではないかと思います。

そのような思いに加えて、やや堅苦しい言葉かも知れませんが、「東洋の叡智」と「日本の感性」という二つの言葉が、日本でもっと身近になり、一般に普及すればとの願いを込めて、本書を執筆いたしました。

あとがき

本書の出版にあたっては、多くの方々にお世話になりました。淡交社の滝井真智子編集局長には、「私の感じた日本文化の総復習」という本書の位置付けを含め、貴重なご示唆をいただきました。ご担当いただいた東京編集部の加納慎太郎課長とは、とても気持ちよくご一緒させていただき、もちろん色々とお世話になりました。併せて、今回の出版の話をほぼ予告なしにお願いしたところ、即座に「前向きに検討しましょう」とおっしゃっていただいた、旧知の納屋嘉人社長に感謝の意を表したいと思います。

今回の著作は、著者にとって初めての出版らしい出版で、執筆が滞ることもありました。英語版執筆も並行していて、思うように考えが進まないこともありました。そのような時に、国際京都学協会で日頃よくお会いしていた方、京都・関西でご縁のあった方など、何人かの方々から温かい励ましのお言葉を頂戴しました。誠に心強く感じ、有難く思っております。

本書は、二〇一七年のネット配信「これだけは世界に発信したい日本についての18章」（アリカエンタープライズ）をベースとして書き上げたものです。同社代表取締役の田中賀鶴代さんには、その際お世話になり、今回も写真の提供・手配で協力いただきました。また、著者がメール・パソコンなどをしないので、今回は、手書き原稿のタイプから事務的なとりまとめまで、近藤和子さんにお願いしましたが、会社勤めの傍ら、効率よくやっていただき、感謝しています。

今回の執筆の特記事項は、自宅近くの都立中央図書館と港区立麻布図書館に足しげく通ったことでした。そこで、読みたい本、参考になる本を読み、参照したい資料を閲覧しました。図書館の方々とも顔なじみになるなど、今思うと懐かしい思い出です。そのほか、様々な局面で、様々な機会に、数多くの方々に助けていただきました。この場をお借りして、お世話になり助けていただいた全ての方々に御礼を申し上げたいと思います。

「はじめに」で言及しましたように、八十歳を過ぎて始めた執筆活動ではありますが、今後とも、元気でいる限り、執筆を続けていきたいと思っており、既に第二作に挑戦しています。これからも引き続き、読者の皆様との「ご縁」が続くことを祈りつつ、「あとがき」とさせていただきました。

（二〇二一年五月）

本書を、筆者が今回のテーマに関心を抱く最初のきっかけを与えてくれた、亡き父・中村良三に捧げます。父の逝去は、一九六七年、筆者がスイス・ジュネーブに在勤中のことでした。父は、逝去の前年とその年の年末に生まれた長女、長男の顔を見ることなく、六十一歳の生涯を閉じました。

中村順一（なかむら・じゅんいち）

1934年横浜市生まれ。東京大学法学部卒。ケンブリッジ大学修士課程修了。1958年より40年間の外務省勤務（7ヵ国、計20年の外国生活を含む）。外務本省では儀典長、在外ではシドニー総領事、ベルギー大使などを歴任。1998年より国立京都国際会館館長を11年間勤めるかたわら、現在に至るまで京都、東京の五大学で教鞭をとる。中高生時代より鎌倉円覚寺で参禅、早くから日本文化、東洋思想に関心を持つ。現在も東京と京都の往復生活が続く。

現職：平安女学院大学客員教授、京都外国語大学理事
　国際京都学協会副理事長、古典の日推進アドバイザー
　浅野学園（神奈川県）同窓会会長
　東京銀杏会（東京地区の東京大学同窓会）顧問

著書：『ベルギー随想』（日本語版・英語版）

装幀　阿部美樹子
写真提供　田中賀鶴代（著者近影）

日本の感性と東洋の叡智

二〇二一年 六 月二十二日　初版発行
二〇二一年十一月 十八 日　再版発行

著者　中村順一
発行者　納屋嘉人
発行所　株式会社 淡交社
本社　〒六〇三-八五八八　京都市北区堀川通鞍馬口上ル
営業　〇七五（四三二）五一五六　編集　〇七五（四三二）五一六一
支社　〒一六二-〇〇六一　東京都新宿区市谷柳町三九-一
営業　〇三（五二六九）七九四一　編集　〇三（五二六九）一六九一
www.tankosha.co.jp

印刷・製本　中央精版印刷株式会社

ISBN978-4-473-04473-0